JN191423

深読みNow 14

10年間の実践を踏まえて

戦争を回避する

「新しい外交」を切り拓く

企画：新外交イニシアティブ(ND)

編著 猿田佐世、巖谷陽次郎
SARUTA SAYO　IWAYA YOJIRO

かもがわ出版

まえがき

「西側中心の国際秩序の終わりの始まり」に日本は何をなすべきか

「新外交イニシアティブ（ND）」は、外交・安保政策のシンクタンクである。日本の中にしっかりと存在しているにもかかわらず日本政府の実際の政策に反映されない人々の声を政策決定過程に届けるために、２０１３年に設立された。

当時から現在までに世界の在りようは大きく変化した。

「民主主義陣営」と「権威主義陣営」のブロック化が急速に進んだ。ウクライナ戦争とガザ危機という二つの大きな戦争が起こり、東アジアでも、ブロック間対立の最前線として軍事衝突の危険が現実味をもって語られている。中国が大国としての存在を確立し、他方、ブロック化と並行して、グローバルサウスといわれる新興国・発展途上国のグループが力をつけ、米国の力の低下とも相まって、世界は多極化（Multipolar）の時代に入ったとされる。

冷戦終了後の30年、あるいは第二次大戦後80年の間、世界をリードしてきた米国を代表とする西側諸国は、人権や民主主義、法の支配といった普遍的価値（Universal Value）を前面に掲げることで自らの地位を正当化してきた。しかし、ガザ危機でのイスラエル支援で無辜《むこ》の人々への攻撃を許容し続け、人権や法の支配を踏みにじり、そのダブルスタンダード（二重基準）を露呈した。さらには、「価値」に何の関心も持たないトランプ氏を米大統領に再選させた。今や、西側諸国がリードしてきた「自由で開かれた国際秩序（Liberal International Order ※「リベラル国際秩序」と訳されることも多いが（第一部参照）、日本で多用される〝リベラル〟の語意と少し異なるため、ここでは「自由で開かれた国際秩序」の訳を用いる）は危機に瀕し、その最大の提唱者であった米国自らがこれを率先して破壊するという局面を迎えている。

まさに「西側中心の国際秩序の終わりの始まり」に私たちは立っているのかもしれない。

この混沌とした国際社会において、日本の外交・安保政策はどうあるべきか。

この間、日本政府は、自らの防衛力拡大、及び、米軍と自衛隊の一体化により米国をこの東アジア地域に引き留め、中国を抑止する政策に全力を挙げてきた。日本政府は、トランプ氏再選となった現在、氏が安保面での米国の対外関与を減らしたり、同盟への不信からインド太平洋地域にバイデン政権が構築した同盟・準同盟関係への関わりを低下させたりすることを大変に恐れている。この後、日本政府がとる方針は次の3点、すなわち、①既存の日米同盟が素晴らしいものであり、そこに日本が多くの投資をしてきたことについてトランプ氏に説明し、日米同盟の維持・強化を求める、②インド太平洋地域での米国のプレゼンスを維持するよう米国に働きかける、③米国以外の豪・韓・欧州等同志国との安保ネットワークの強化に尽力する、というものであろう。

そして、トランプ氏が要求してくるであろう日本の防衛費のさらなる増額と在日米軍駐留経費の負担増について、若干の譲歩を米国に求めながらも、「見放され」の恐怖から要求に応じていくことになるだろう。もっとも、日本の防衛力増強については、米国の圧力に従う体裁をとりつつも、日本政府はそれを好機と捉え自ら率先して行うだろう。

しかし、世界の姿は急速に変わりつつある。中国の経済力は既に日本の5倍を超え、米国に追いつく日もそう遠くないともいわれる。日本の隣国である中露・露朝は軍事面でそれぞれ関係を深め、多くのグローバルサウスの国々は米中両陣営の間で中立を宣言している。G7の世界の国内総生産（GDP）に占める割合は80年代後半の70％近くから、現在40％にまで低下している。加えて、米国で再びトランプ政権となり、多くの物事が予測不可能となる中、米国が「権威主義国」ロシアとのディールを結び米露の関係改善が図られるかもしれないし、他国の戦争での負担を嫌うトランプ氏が対中強硬政策に出ながらも、いざ台湾有事となった場合に派兵するか否かもバイデン政権以上に予測不能である。イスラエルにさらに肩入れすることで中東の戦争はより拡大し、中東に石油を依存する日本にも大きな負の影響が出るかもしれない。予測不可能なことばかりである。他方、トランプ氏の「価値」を尊重しない振る舞いや政策に強い影響を受け、世界における人権・民主主義・法の支配が激しく後退するだろうことはほぼ確実に予想できる。そして、そのことによって「権威主義国」はさらに力を拡大し、西側陣営はソフトパワーも含めさらに力を落としていくだろう。

これまで日本政府は、内政を見ればわかるように、必ずしも人権や民主主義、法の支配の維持に熱心だったわけではない。しかし、なお、国際法を含む法律が守られ、人権・民主主義などの「普遍的価値」が尊重されることは日本社会では否定されることはなかった。また、人権や民主主義に異を唱える中国の台頭や権威主義国も多いグローバルサウスの伸長を受け、日本政府も「普遍的価値」を強調するようになっている。例えば、岸田前首相は「法の支配に基づく自由で開かれた国際秩序」を繰り返し訴え、バイデン大統領と共に日米共同声明「自由で開かれた国際秩序の強化」すら発している。

「自由で開かれた国際秩序（Liberal International Order）」の意味するところは論者によって少しずつ違い、どのような価値がそこに含まれるべきかについても諸説あるが、最大公約数では、開かれた形で国家間の関係を治める一連のルール、規範、そして制度に基づく国際社会といってよいだろう。日本は戦後、安全保障の観点からも経済の観点からも、現在までの「自由で開かれた国際秩序」から巨大な利益を得てここまで発展してきた。その意味で、「自由で開かれた国際秩序」は、まさに日本の繁栄の基盤であり、この破壊は日本がその発展と繁栄の礎を失うことを意味する。

米国は日本にとってこれまでもこれからも重要なパートナーであり続けるだろう。しかし、既に述べた通り、米国は、世界で二重基準を用い、国内の情勢も合わさって、その国際秩序を破壊している。日本は、そのような米国に対し、積極的に対話を求め、助言し、説得していかなければならない。

さらに踏み込んでいえば、米国、そしてそこにすがる日本もその一端を担い始めている「力による平和（2024年の米共和党綱領に記載。実質的なトランプ氏の公約）」は、法や規範による国際秩序の真逆をいくものである。差別助長や気候変動についてのパリ協定といった国際合意からの離脱など、トランプ氏がこれから次々と実施するであろう「価値」に逆行する政策が直接的に「自由で開かれた国際秩序」を破壊するとともに、米国や日本も含めた国々が「力による平和」に傾斜すればするほど、「自由で開かれた国際秩序」はその内実を失っていくだろう。米国の「国益」と日本の「国益」は異なる。また、中国の真横に位置し、エネルギー資源に欠け、食料自給率も低い日本が置かれている地政学的条件は、米国のそれとは決定的に異なる。日本政府がこれからトランプ政権に関してとるであろう上記3方針については、米軍基地の負担にあえぐ沖縄の状況や地位協定など、日米同盟はこれまでも多くの問題をはらんでおり、単に既存の日米同盟の維持・増強を求めることは必ずしも日本のためにはならないし（前記①）、防衛力・抑止力強化一辺倒の安保政策（前記②③）では、戦争回避に向けたその直接的な有効性が疑わしい（第二部第2章および末尾提言参照）。のみならず、この方針のみに固執するのでは、秩序が大きく変化するこの世界において、日本が享受したいと望み、その発展の基盤としてきた価値や国際秩序の維持は不可能である。国内を見ても、停滞する経済や少子化など「国力」に直接的に関わる根本的問題を数多く抱えるにもかかわらず、限られた予算を膨大な防衛費の負担に充てるのでは、今の国家の在り方は長続きしない。

今、日本に求められているのは、がむしゃらに防衛力の強化に走ることではなく、専守防衛に徹した防衛力の整備を行いながらも、国際社会における法の支配や人権、民主主義、そして「力によらない平和」を実現する努力を粘り強く続けることであり、どれほど困難であっても、少しずつでも「普遍的価値」が広がり、「対話や外交による平和」が実現するよう尽力することである（第三部参照）。そのためには、私たち一人一人が声を上げ、また、同じくそれを望む世界の人々と繋がって動き続けるほかはない。

本書は、シンクタンク「新外交イニシアティブ（ND）」が「対話や外交による平和」を少しでも現実のものとするために、設立から10年超の間、取り組みを続けてきた記録である。NDでは、常に様々な分野で調査・研究を続け、政策提言を行い、国境を超えた情報発信に努め、国際的なネットワークの構築に尽力してきた。

「第一部『戦争』が溢れる時代（松岡美里）」では、この間の世界秩序の変化を分析し、覇権の意味や「グローバルサウス」の存在感などについて論じた上で、何が日本に欠けているかについて述べる。「第二部　日本の安全保障を見つめ直す―『台湾有事』を回避するために」では、第1章（巖谷陽次郎）で近年の「平和国家」の変容を振り返り、第2章（巖谷）では、日本政府の現在の外交・安保政策の問題点と取るべき政策を指摘する。第3章（仲本和）では、常に日米同盟の負担を押し付けられてきた沖縄の歴史・現状を整理する。

さらに「第三部『新外交』10年の軌跡」では、現状の日本の外交・安保政策に変化を与えるための私たち新外交イニシアティブの研究成果をまとめ、取り組みの報告を行う。第1章「多様な日米外交を切り拓いて（猿田佐世・相川真穂）」、第2章「米軍基地問題―沖縄の声を米国に伝えて（巖谷）」、第3章「アジア太平洋の安全保障―グアム・フィリピン・韓国の現地調査報告（島村海利、三宅千晶、巖谷）」、第4章「核燃料サイクル・再処理・核拡散（鈴木真奈美、平野あつき、加部歩人）」、第5章「外交で平和をつくるとは（猿田）」の順で掲載している。また、最後に、新外交イニシアティブの政策提言「戦争を回避せよ」を掲載した。これは、発表後、多くの反響を呼び、私が全国100カ所以上で講演するきっかけとなった提言でもあるため、是非ご覧いただきたい。

日本を取り巻く安保環境が悪化していると感じつつも、軍拡競争が際限なく続く現状にも不安を覚える方々に、本書がわずかでも解をお示しできれば幸いである。

２０２４年11月　トランプ氏再選直後に脱稿

新外交イニシアティブ（ＮＤ）代表　猿田佐世

戦争を回避する「新しい外交」を切り拓く

10年間の実践を踏まえて

もくじ

《執筆者》

猿田 佐世

新外交イニシアティブ（ND）代表、弁護士（日本・米 NY 州）。米議会や米政府に対する政策提言活動などを行い、米国・東アジアで国会議員らの外交をサポートする。著書に、『新しい日米外交を切り拓く』（集英社）、『自発的対米従属—知られざる「ワシントン拡声器」』（角川新書）、『白金猿Ⅰ、Ⅱ』（金平茂紀・白井聡氏との共著、かもがわ出版）。

巖谷 陽次郎

ＮＤ事務局長。ウィーン大学への留学を経て、東京都立大学卒業。団体設立から携わり、主要プロジェクトを統括。共著に、『米中の狭間を生き抜く－対米従属に縛られないフィリピンの安全保障とは』（かもがわ出版）、『世界のなかの日米地位協定』（田畑書店）。

松岡 美里

ND 研究員／帝京大学外国語学部准教授。米国ニュージャージー州出身。上智大学修士課程（グローバル・スタディーズ研究科）修了後、ウォーリック大学博士課程（政治学・国際関係学）修了。専門は国際関係論、日米関係、安全保障、東アジア／アジア太平洋／インド太平洋。

仲本 和

ND 事務局スタッフ／平和学習講師

相川 真穂

ND 研究員／早稲田大学アジア太平洋研究センター助教

島村 海利

ND 研究員／弁護士

三宅 千晶

ND 研究員／弁護士

鈴木 真奈美

ND 上級研究員／明星大学兼任講師

平野 あつき

ND 研究員

加部 歩人

ND 研究員／弁護士

第一部　「戦争」が溢れる時代

21世紀の世界はかつてないほど軍事化が進行し、地政学的な緊張に包まれ、国際社会は変動期を迎えている。主要国の間で軍事的な対立が高まり、中国が経済成長を遂げ軍事力を増強する中で、米国は、インド太平洋地域において同盟国との協力を強化し、多国間の軍事的枠組みの制度化を進めて抑止力を増強している。他方、BRICS（露印中・ブラジル・南アなどの新興国の集まり）の拡大にみられるように、グローバルサウスの国々が経済的・政治的な影響力を高めている。米国をはじめとする西側諸国を中心に形作られてきた国際秩序が、中露などの影響力の拡大やグローバルサウスの伸長で形を変え始めている。

第一部では、米国の相対的な力の低下、中国の台頭、グローバルサウスの影響力拡大など、世界の政治・経済構造が大きく変わりつつある情勢について概観したい。そこにおいては、まず、従来の米国主導の「リベラル国際秩序（Liberal International Order, LIO）」の概念を整理し、その構造と機能を解明する。さらに、覇権（ヘゲモニー）の在り方を説明し、現在の国際情勢をそれに当てはめて解説する。その上で、インド太平洋地域における地政学的な緊張や多国間の協力の動向、また、新興国の台頭が国際秩序に及ぼす変化を考察する。最後に、日本の外交の停滞が地域における不安定要因ともなりうる点について指摘し、日本がどのように軍事力に過度に頼らずに国際的な役割を果たしていくべきかという第二部・第三部につながる展望について論じる。

■米国主導のリベラル国際秩序（Liberal International Order）とそれに対する挑戦

現在、中国やロシアなどの大国は、軍事力の増強を通じて影響力を拡大しようとしている。この動きは、米国やその同盟国との間で新たな緊張を引き起こし、軍事的衝突が起こる可能性が高まっている。既に起きているウクライナ紛争では、ロシアは旧ソ連圏における勢力の回復を目指してウクライナへの侵攻を強行したが、欧米諸国が武器供与やロシアへの経済制裁でウクライナを支え、ロシアと欧米諸国の対立は深まるばかりである。イスラエルとパレスチナの長年にわたる対立は、遂にガザにおいて4万人超の死者をだす悲惨な戦争となり、未だ終息の兆しはない。そして、これらの紛争は地域の安定を損なうだけでなく、エネルギー供給や食糧危機など世界規模で影響を及ぼしている。

近年、インド太平洋地域では、中国の軍事力拡張に対抗するため、オーストラリアや日本、韓国などが急速な防衛力拡大を行い、軍事同盟や協力関係を強化する動きも加速している。ドイツやフランスといった欧州諸国もロシアの脅威に備えて軍備増強を進めており、国際社会全体が軍事化のスパイラルに巻き込まれている。

第二次世界大戦の勝者となった米国は、その経済力と軍事力を使って、国際社会においてリーダーとしての地位を維持し続けてきた。この秩序は冷戦期に確立され、現在まで続いているが、ジョン・アイケンベリー（G. John Ikenberry）は、この米国主導のグローバルシステムを「覇権（ヘゲモニー）」と呼び、それがルールや制度、パートナーシップの合意に基づくものであることから、帝国主義とは異なると論じている。また、パワー・ダイナミクスの変化やシステム内の矛盾、外部からの挑戦が、秩序の崩壊や衰退につながる可能性があるとアイケンベリーは指摘してきたが、後に「リベラル国際秩序」の重要性を改めて強調するようになる。そして、国際秩序を支える5つの要素として、大国の強固な結びつき（co-binding）、米国の開放的な覇権、自己制限的な大国の存在、経済開放の政治的基盤、そして西側諸国の「市民的」アイデンティティ（民主主義、人権、法の支配といった普遍的な価値観）を挙げている。[1] 日本国内でも、「リベラル国際秩序の維持を目指すためには日米同盟の強化が重要であるという意見が存在する。[2]

冷戦終了後、世界では、米国が中心となって、自由主義に基づく世界を構築するための取り組みが進められた。民主主義の推進、国際機関や国際法の整備、自由主義経済の発展、人権

1 Deudney, Daniel and Ikenberry, G. John (1999) ‘The nature and sources of liberal international order,’ lReview of International Studies. 25 (2): 179–196.

2 Funabashi, Yoichi and Ikenberry, G John (2020) The Crisis of Liberal Internationalism: Japan and the World Order. Brookings Institution Press.

の保護といった概念が、幅広く外交政策に反映され、それまで自由主義をとっていなかった国や地域にも自由主義が押し広げられていくこととなった。

しかし、近年、国際社会における秩序は複雑化し、米国主導のリベラル国際秩序は多面的な挑戦に直面している。そもそも、ミアシャイマーが指摘するように、冷戦後に構築されたリベラル国際秩序は根本的な欠陥を抱えている。[3] 特に、米国が主導する自由主義は、各国の自決を重視するナショナリズムと対立し、各地で多くの摩擦を生み出してきた。これは、米国主導の国際秩序が他国の自主性を侵害し、各国が米国の利益に巻き込まれるリスクを増大させるためである。他には、「リベラル覇権」そのものに懐疑的でそれは「神話」だとする意見や、米国的なリベラルが定着するのは米欧豪に限定されるという意見も存在する。[4]

第二次世界大戦後に築かれたこの秩序は、米国の戦略的利害に基づいて形成されたものであり、それによって同盟関係が強化されてきた。しかし、その過程で多くの国々は米国の価値観や政策に巻き込まれ、軍事的に協力せざるを得ない状況に陥っている。

3　Mearsheimer, John・はひとつJ. (2019) 'Bound to fail: The rise and fall of the liberal international order,' International Security, 43(4), 7-50.

4　Allison, G. (2018) 'The Myth of the Liberal Order: From Historical Accident to Conventional Wisdom,' Foreign Affairs, https://www.foreignaffairs.com/articles/2018-06-14/myth-liberal-order：また、リベラル秩序は英米によって構築され、他の国々が同意して作られたとされるが、実際には「強制」の結果であったとの見解もある。アミタフ・アチャリア（2022）「米国世界秩序の終焉：マルチプレックス世界のはじまり」ミネルヴァ書房

西欧から広がった自由主義の理想は「普遍的価値」として掲げられているものの、国益などが絡むとその原則が揺らぐことがある。中東研究者である内藤正典が指摘するように、こうした状況は「道理の破綻の危険性」を孕んでいる。[5] 即ち、国際社会は普遍的な人権や正義を掲げながらも、特定の国益や地政学的な利益が絡むとその原則が揺らぎ、ぶつかり合いが生じ、結果として紛争が起こり、普遍的な人権や正義を実現するというゴールから逆に遠のくという矛盾を内包している。例えば、普段、人権や民主主義を掲げる欧米諸国が、場合によって自国の利益を優先し、他国での人権侵害や民主主義の後退に対して曖昧な態度を取ることがある。現在のイスラエルのガザに対する攻撃への支持などがまさにそれにあたる。これがダブルスタンダードと批判され、リベラル国際秩序が持つ「普遍的」な人権・民主主義の価値がグローバルサウスの国々から懐疑の目で見られるようになっている。結果、リベラル国際秩序の正当性と倫理的基盤の弱体化が進んでいる。

■米国が相対的に力を弱める中での中国の台頭

圧倒的な経済力と軍事力をもとに国際秩序を主導してきた米国であったが、近年、その影

5　内藤正典、三牧聖子（2024）「自壊する欧米 ガザ危機が問うダブルスタンダード」集英社

響力は相対的に低下している。他方、製造業や技術革新において米国に迫る勢いを見せる中国が、自国の経済力と技術力、さらには軍事力を背景に、地域的、国際的な立場を拡大し、特にインフラ投資や経済支援を通じて、他国への影響力を強化している。そして一帯一路《いったいいちろ》（ＢＲＩ）やアジアインフラ投資銀行（ＡＩＩＢ）といった外交的戦略を進展させ、米国主導の国際秩序の基盤を揺るがせてきた。このように中国の急成長が米国の覇権を揺るがすがゆえに、世界各国において「中国脅威論」が叫ばれ、緊張が生み出されているのが現在の状況である。

　地経学や経済安全保障の出現による経済の武器化も顕著である。中国は米国との技術的覇権争いで勝ち抜くべく国を挙げて取り組み、半導体や人工知能、量子コンピューティングなどの分野で競争が激化している。他方、米国は中国企業への制裁や技術供給の制限を厳しく行ってこれに対抗しようとしている。例えば、米国が中国の通信大手・華為技術（ファーウェイ）に行った輸出規制は、５Ｇネットワークの覇権争いの一環として中国の技術的優位性を抑制しようとする試みであり、米中間の経済的な対立が激化する要因となった。[6]このような中国に対する制裁措置はハイテク産業にとどまらず広範囲で行われ、グローバルなサプライチェーンにも深刻な影響を与えており、国際経済の分断を加速させている。なお、軍事面での米中の対

6 Drezner, D. W., Farrell, H., & Newman, A. L. (2021) The uses and abuses of weaponized interdependence. Brookings Institution Press.

立の象徴である台湾問題についても、台湾が世界の半導体供給に重要な役割を担っているために、経済的な対立の側面も有している紛争といえる。

中国が台頭し、米国の力が相対的に弱まることで起きているこのような国際秩序の変動は、単に軍事・経済的競争にとどまらず、価値観の相違や政治体制の対立が絡んでおり、国際社会全体に様々な角度から影響を及ぼしており、米国主導の自由主義秩序の正当性が再検証される時代になっている。

■覇権（ヘゲモニー）再考：グラムシの覇権的ディスコース

「覇権」という概念は、軍事的・経済的支配だけでなく、文化や価値観、アイディアといった他国に影響を及ぼす支配的な力も含む。１９８０年代以降、「帝国の過剰拡張（imperial overstretch)」によって米国の覇権は衰退するという論調が広まった。しかし、これに対しては異なる意見も数多く存在する。例えば、自由主義的な視点から衰退論に反論する声もある。[7]前述のリベラル国際秩序はその代表的な概念であり、覇権国の存在が国際制度や共通の利益を

7　この議論を受け、米国の国際政治経済学者たちは、覇権国が公共財を提供することで国際システムが安定するとする「覇権安定理論(hegemonic stability theory)」を提唱した。

通じて国際秩序の維持に不可欠とされ、米国の影響力が相対的に低下しても、その覇権は存続すると指摘する。

この点について、現実主義（リアリズム）は覇権を物質的な力に基づく支配と捉え、自由主義（リベラリズム）は覇権を国際制度や規範を通じたリーダーシップとして捉える。

自由主義的な立場を取ってきたジョセフ・ナイ（Joseph S. Nye）は「ソフトパワー」という概念を用いて、軍事による力ではなく、アイディアなどから派生する影響の重要性を強調した。すなわち、覇権は単に軍事力や経済力による強制ではなく、イデオロギーや文化、制度などを通じて、自国の価値観を他の国々に浸透させていく行為であり、イデオロギー資本と社会資本を蓄積することで覇権が成り立つと考えたのである。その上で、たとえ米国の経済的な力が相対的に低下したとしても、こうした価値観や制度を支持する力によって、米国の覇権が維持される可能性があると指摘する。

イタリアの政治思想家アントニオ・グラムシ（Antonio Gramsci）は、覇権は物質的な力だけでなく、社会的合意の形成を通じて確立されるものとしている。グラムシ主義は批判的国際理論の一つとみなされ、現実主義と自由主義のアプローチから国際情勢を分析するのではなく、それらを批判的に分析する国際関係理論の一つである。

グラムシ理論においては、覇権は「強制」だけでなく「合意」によって成立する。すなわち、覇権とは、軍事力や経済力に裏付けられた覇権国が自国の価値観やイデオロギーを広め、国際社会から広範な合意を得ることによって支配的地位を維持するということである。グラムシの覇権論によると、支配階級は単に暴力や強制力で支配体制を維持するのではなく、社会全体に特定の価値観やアイディアを浸透させることで、合意に基づく支配を実現し、外交的、文化的、経済的な影響力も持つ。ここでの「覇権」とは、単なる物理的な支配ではなく、思想的・文化的なリーダーシップを通じて支配国が他国の同意を得るプロセスを指す。

米国による覇権主義をグラムシの観点から考察すると、米国は軍事力や経済力に加え、自由主義的な価値観や文化を通じて国際社会に影響を及ぼし、合意に基づく覇権を築き上げたという説明になる。冷戦後には自由主義経済や民主主義の価値観を通じて米国の国際的な地位はさらに強化された。多くの国々は米国が提供する経済的繁栄や安全保障を享受することで、米国のリーダーシップを自発的に受け入れ、米国は軍事力や経済力だけでなく自由主義的な価値観や国際制度への合意によって支えられる覇権的な地位を現在まで維持してきた。

グラムシ理論から覇権の在り方を説明する際には、支配する側が広める言説を「覇権的ディスコース（hegemonic discourse ※和訳「覇権的言説」）」として捉え、批判的に分析することが重要である。支配する側は自己の利益を推進するために有利な思想や価値観をメディアや教育を介して社会に広め、その言説によって自己の支配的な地位を確立していく。これを国際社会にあてはめれば、覇権的地位を獲得・維持したい国は、自らの覇権的地位の追求に有利な言説を拡散し、それにより覇権の地位を確立・維持していくとするのである。グラムシ理論に基づいて説明する論者は、この覇権的地位の追求に有利な言説を「覇権的ディスコース（覇権的言説）」と呼ぶ。

冷戦後の米国は、自由貿易、民主主義、法の支配を基盤にした国際秩序を築いたが、これらはブレトン・ウッズ体制や国際連合（国連）などの国際制度を通じて実現された。そして、その国際秩序が多くの国々に受け入れられることで米国の覇権的地位は強固なものとなった。このように、単なる強制力だけでなく、自由主義的な価値観や制度、即ち、いわゆるリベラル国際秩序が覇権的ディスコースとして拡散し、それに対する各国の合意を通じて、米国の覇権的地位が確立されてきたと理解できる。

こうした背景を踏まえると、米国の覇権の未来を考えるうえでは、単に経済力や軍事力だけでなく、価値観や文化面におけるリーダーシップの役割やそれに対する社会の合意の存在も考慮する必要がある。そして、この視点を持ちながら、現在の米国が拡散する「中国脅威論」という覇権的ディスコース（覇権的言説）がインド太平洋地域にどのような影響を与えているのかを検討する必要がある。

■強まる「中国脅威論」と「インド太平洋」という覇権的ディスコース

近年、「中国脅威論」が日本のみならず米国でも顕著に広がっている。米国の連邦議会では、超党派で中国強硬姿勢が広がり、中国への批判は人権侵害に対するものや軍事拡張に対するものなど多岐にわたる。具体的には、軍事的な覇権争いに焦点を当てて中国を批判する現実主義者（リアリスト）もいれば、新疆《しんきょう》ウイグル自治区や台湾などの人権や民主主義の問題に着目して批判する自由主義者（リベラル）もいる。中国の経済成長と軍事力増強、そして　政権下の強権的な統治は、米国にとって新たな脅威として認識されるようになっている。米国は、中国の技術覇権、人権侵害、そして国際秩序への挑戦を強く批判し、貿易戦争、技術封鎖、そして同盟国との連携強化といった手段を通じて、中国の影響力が拡大するのを阻止しようとしている。なお、自由主義は良くも悪くも柔軟性のある理論であるため、ネオコン的なアプローチとリベラルな介入主義のような外交政策が混在しているという指摘もなされている。[8]

２０１９年以降、米国では貿易赤字削減を重視する経済ナショナリズムに「貿易戦争」も加

8 Allison, G. (2018) 'The Myth of the Liberal Order: From Historical Accident to Conventional Wisdom,' Foreign Affairs, https://www.foreignaffairs.com/articles/2018-06-14/myth-liberal-order; 松岡美里「リベラルな日米同盟と「自由で開かれたインド太平洋（FOIP）」の意義——安倍政権の安保政策を振り返る（3）」、シノドス，2021年、https://synodos.jp/opinion/international/24211/

わって、経済的な視点からも中国に対する警戒感が高まっている。中国が技術覇権を握り、米国経済を支配することを企図していると主張する声は、政界や学界、そして民間団体にまで広がりを見せている。例えば、民主党のマーク・ワーナー上院議員と共和党のマルコ・ルビオ上院議員（トランプ政権2期目で国務長官に指名）は、中国が米国の技術優位を侵害し、経済的な脅威となっていると警告し、政府全体で技術戦略を練る必要性を訴えている。[9]「目前に迫る危機委員会：中国」のような民間団体は、第一次トランプ政権の元首席戦略官スティーブ・バノンをはじめ、元政府関係者やシンクタンク研究者、そして宗教団体や保守系団体を結集し、中国の脅威を世論に訴えている。また、米連邦議会下院は、中国に関する特別委員会を設置してバイデン政権の対中政策を厳しく監視し、また、軍事委員会と財務委員会はともに強硬な対中姿勢を隠さず、公聴会名に「中国共産党」という言葉を明記することで、中国共産党の一党独裁体制を厳しく批判する姿勢を打ち出してきた。

日本にとっても、中国の台頭は、複雑な課題をもたらしている。特に、尖閣諸島の領土問題や、中国の軍事活動の活発化は、日本の安全保障環境を厳しくしている。このような状況下で、日本は日米同盟の強化、中国との経済関係の維持、多国間主義の推進という三つの主要な政策を

9 Reuters (2017) 'Bipartisan bill unveiled in U.S. Senate to fight China tech threats,' https://www.reuters.com/article/technology/bipartisan-bill-unveiled-in-us-senate-to-fight-china-tech-threats-idUSKCN1OY1MY/

追求している。なかでも、日本自身の防衛力の強化と日米同盟の強化は中国の軍事力増強に対抗するための最優先課題とされている。また、中国は日本の最大の貿易相手国でもあるため、日本は、技術流出の防止や中国以外の国からの安定した供給網の確保といったサプライチェーンの強化などの政策をとり、経済安全保障の強化にも努めている。

中国は台湾を自国の一部と主張して軍事的圧力を強めており、台湾危機の可能性が取りざたされているが、これに対し、米国は台湾への支持を表明し軍事的な協力を強化している。台湾海峡での緊張が高まる中で、誤解や偶発的な衝突が全面的な軍事衝突に発展するリスクがでてきている。

先に述べた通り、米国では、中国の急速な台頭に対する懸念が広がり、共和党と民主党の枠を超えた中国強硬姿勢が確立されつつある。この動きは、グラムシの覇権理論から見ると、米国国内での新たな合意の再形成と解釈できる。米国はこれまで築き上げてきた自由主義的な国際秩序を維持するため、軍事・経済・文化それぞれの面で中国に対する抑止力を強化している。即ち、米国と中国の覇権争いは、単なる軍事力や経済力の競争にとどまらず、価値観や国際的な合意をめぐる包括的な闘争となっており、米国は自由主義的な国際秩序を維持し続けるために、従来の覇権的な合意構造を再構築しようとしている。他方、中国は自らの影響力を拡大して米国の覇権体制を揺るがそうとしている。

中国の台頭によりインド太平洋地域は地政学的な重要性を高めている。米国のインド太平洋政策は中国を排除する姿勢を特徴とし、中国の拡張主義に対抗するものであり、例えば、「自由で開かれたインド太平洋」という概念により、民主主義国家間の協力を促進し、中国の影響力を抑制することを目指している。このような地域における対立はその地域内の国々に戦略的選択を迫り、地域の国々を分断している。さらには、中国の急速な経済成長と軍事力の増強は、地域のみならず世界のパワーバランスにも大きな影響を与えており、アジアを越えてヨーロッパに至るまで、広く各国や地域機構においてインド太平洋戦略が策定されるようになった。

なお米国は、2017年12月に公開された「国家安全保障戦略（NSS）」で、インド太平洋を自由なビジョンと抑圧的なビジョンの対立が繰り広げられる地政学的な競争の場と位置づけ、中国を牽制するための舞台として捉えた。また、2018年に米太平洋軍が米インド太平洋軍に改称されたことは、米国が「インド太平洋」を「アジア太平洋」に代わる新たな地政学的概念として確立させようとした姿勢の表れである。

米国は、インド太平洋地域にて他国との様々なミニラテラルな枠組みを構築し、自らの覇権的地位の維持に懸命になっている。日米豪印からなるQUADはその一例であり、合同軍事演習や情報共有の枠組みを強化することで、制度的な協力関係を深化させ、特定の地域や問題に焦点を当てた多国間協力を行っている。参加する4カ国はより一層戦略的な統合を図り、中国の軍事的プレゼンスに対抗するための能力を向上させている。その結果、QUADの活動が中国に対する敵対的な姿勢を強め、地域内の軍事的緊張を高める可能性があり、さらに地域の国際関係を複雑化させ、安定性を損なうおそれもある。同様に、米英豪によるAUKUSも、核潜水艦の配備や先端技術の共有を通じてインド太平洋地域における中国に対する軍事的抑止力を強化するためのものである。

中国の「一帯一路（BRI）」構想とこれら米国主導の「インド太平洋戦略」は、インド太平洋の二大戦略として競合しており、地域の分断を加速させている。一帯一路は、中国がインフラ投資を通じて経済的影響力を拡大し、アジアからアフリカ、ヨーロッパまでの広範な地域を結びつけることを目的としている。また、中国は、AIIBを通じた資金提供により、すでに多くの発展途上国に経済的影響力を行使している。例えば、カンボジアやラオスは中国の援助を受け入れ、一帯一路に積極的に参加している。他方、インドやベトナムのように一帯一路を受け入れつつ懐疑的姿勢も合わせもち、米国や日本との協力をも強化する国もある。このような分断は、経済やインフラの分野で顕著に現れ、今後も進行すると予想される。「インド太平洋」と「一帯一路」の対立は、経済、安全保障、政治に深刻な影響を与えている。

「中国脅威論」と「インド太平洋」における各国の動きは、グラムシが言う「覇権的ディスコース（覇権的言説）」として読み解くことができる。中国は経済的利益を他国に供与しながら、米国が長年築いてきた自由主義的な国際秩序に対抗する新たな枠組みを構築しようとしている。同時に、南シナ海における領有権主張や台湾への軍事的圧力など、軍事力を用いた「強制的」な覇権構築の動向も強めており、米国を中心とする既存の国際秩序に対する直接的な挑戦ともなっている。こうした中国の行動は、世界全体の地政学的なバランスに大きな影響を及ぼすものである。

このように、米国中心の中国に対する戦略は、軍事的な面にとどまらず、経済的、政治的、イデオロギー的な次元においても多様な影響を及ぼしている。これら米国の対中強硬策が両国間の関係をさらに悪化させる可能性があるし、国々に戦略的選択を迫り、分断を招くのは先に述べた通りである。米国国内でも、対中強硬政策が反アジア感情を助長し、中国系米国人に対する差別が行われる状況になっている[10]。

このように、覇権的ディスコース（言説）が分断の要因としての性格を多分にもっていることは見逃されてはならない。そして、覇権的ディスコースが戦略的な対立を煽ることで国際社会における協力関係を壊していく可能性も意識されるべきである。米中関係のみならず広範な国際関係の安定に向けて、各国が互いの利益を損なうことなく協力関係を築くことができるの

10　Nikkei Asia (2023) 'U.S. anti-China land laws draw fear of Asian hate ahead of 2024 vote,' https://asia.nikkei.com/Politics/U.S.-anti-China-land-laws-draw-fear-of-Asian-hate-ahead-of-2024-vote

か、それとも、対立を深め、新たな冷戦時代を迎えるのか、その行方は国際社会にとって重要な課題となっている。

■分断する世界で際立つ「グローバルサウス」の存在感

「グローバルサウス」は、南半球に多いアジアやアフリカの新興国・途上国の総称であり、近年、その存在感を急速に増している。この概念は、冷戦期の「第三世界」とも重なるが、米中対立の激化に伴い、どちらの陣営にも属さない中立的な立場を強調するニュアンスが含まれる。これらの国々は新たな経済的政治的パワーを形成し、冷戦後の単極化した世界秩序が多極化へと向かう一つの要因となっている。

先進国では人口減少と高齢化が進行するため、グローバルサウスの新興国が世界経済の主要な成長エンジンとなることが予測されている。大手のコンサルティング会社ＰｗＣ(PricewaterhouseCoopers) や世界有数の投資銀行ゴールドマンサックスも、グローバルサウスに属する国々が世界の経済成長の主なけん引役となると予測している。インドやインドネシアなどの国々は、急速な人口増加により労働力が急増し、消費市場としても大きな成長を遂げつつある。インドはすでに世界最大の人口を抱えており、インドネシアやナイジェリアなども人口増加と共に経済の急成長が見込まれる。

これらの国々による国際的枠組みの影響力も拡大している。ＢＲＩＣＳの国々は経済成長とともに影響力を強め、特に中国とインドは、巨大な市場と急速な経済成長を背景に、既に国際政治における重要なプレイヤーとなっている。ロシアは豊富なエネルギー資源を、ブラジルは農産物資源を武器にしている。ブラジルの再生可能エネルギー技術やインドのＩＴ産業は、それぞれの国の成長の一翼を担っており、国際的な注目を集めている。２０２４年にはアラブ首長国連邦（ＵＡＥ）、イラン、エチオピア、エジプトが新たにＢＲＩＣＳに加盟し、パートナー国制度の創設も決定され、ＢＲＩＣＳは地理的・経済的に大幅に拡大し、政治的影響力も一層強化された。

ＡＳＥＡＮ（東南アジア諸国連合）加盟国は、貿易の拡大と地域経済の安定化に向けた取り組みを進めており、これがアジア全体の経済的な活力を高めている。ＡＳＥＡＮを中心とする地域包括的経済連携（ＲＣＥＰ）は、アジア・オセアニア地域の経済統合を進め、メンバー国間の貿易や投資の自由化を促進している。また、南アジア地域協力連合（ＳＡＡＲＣ）では、インドとバングラデシュが協力して地域の発展と安定を目指しており、これにより南アジア内での経済的な連携が強化されている。これらの動きにより、アジアの国々は一体となって国際的な影響力を強め、「グローバルサウス」全体の変化をも促進している。

グローバルサウスの国々のその多様性とダイナミズムは、今後の世界の動向に大きな影響を与えていくことが強く予想される。これらの国々は、自国の利益を追求しながら他の発展途上国との連帯を強化し、その存在感を一層増すとともに、従来の西側主導の国際秩序に対抗する姿勢を強め、多極化の動きを加速させている。東南アジアの多くの国々が、「Don't make us choose」（米中いずれか選ばせないでほしい）との中立姿勢をとっているのが好例であるが、これらグローバルサウスの変化が国際経済と政治の構図を大きく変える可能性を有している。

なお、グローバルサウスは非常に多様な国々から構成されており、「一括り」にして議論することには限界があるとの現実も指摘されており、この問題意識を忘れてはならないことを付言しておく。例えば、インドの戦略家C・ラジャ・モハンは、グローバルサウスが「流動的な境界線と曖昧な包含基準」を持つと指摘し、個々の国の主体性を否定する危険性があると警鐘を鳴らしている。

いずれにしても、このようにグローバルサウスの影響力が拡大し独自の存在感を持ち始める中で、自由主義の理念は必ずしも「普遍的」なものとして受け入れられない状況になっている。これらの国々は、自らの発展や自国の主権を守るために、西側主導の国際秩序に対して懐疑的な姿勢を取ることが多い。中堅国（ミドルパワー）はリベラルな国際秩序から受ける恩恵を強調するが、新興国には国際秩序より国内事情や自国の成長を優先する傾向にある国も少なくない[11]。このように価値観の違いや経済的利害が交錯する中で、自由主義と権威主義の対立はさらに深まり、国際社会はより複雑化している。

アミタフ・アチャリア（Amitav Acharya）は、この国際秩序が崩壊すれば米国の指導的影響力が低下する原因の一つになると述べる。アチャリア曰く、米国主導のリベラル覇権を肯定的に見る人々は新興諸国が最終的には米国主導の世界秩序に組み込まれると見ている傾向が強いが、必ずしもそうではないと指摘し、「米国主導のリベラル覇権秩序」が終焉を迎え、今後、世界は、多様性を前提にさまざまな地域が自立しながら地球レベルでの相互依存関係を持つ「マルチプレックス世界（Multiplex World）」になると主張する。そして、中国やインドを含む新興国やグローバルサウスが重要なアクターとなり、これらが中心となって新たな国際秩序が形成されていくと捉えている。

軍事バランスの危機ばかりが強調されるが、自由主義の理念そのものに根ざしたモラルの基盤が危機に瀕していることが見過ごされているのではないか。これは、国際社会が掲げる普遍的な価値観が特定の国家や地域の利益と衝突する際に、これらの価値観がどの程度守られるのかという問題である。現在の国際社会の状況は、各国の利害が交錯する中で国際秩序の正当

11 ミドルパワーとは超大国や大国ではなく、一定程度の穏健な国際的影響力を持つ国家を指すが、一部大国との重複が見られる。Abrahamsen, Rita; Andersen, Louise Riis; Sending, Ole Jacob (2019-03-01). 'Introduction: Making liberal internationalism great again?,' International Journal, 74 (1), 5–14.

性と倫理的基盤が弱体化するリスクを示唆している。

■日本が軽んじている外交

第二次世界大戦の惨禍を経験した日本は、平和憲法を制定し、国際社会において平和国家としての地位を確立した。しかし、近年の日本周辺の安全保障環境の悪化に伴い、防衛力の強化が急速に進められている。２０１５年の安全保障関連法の成立や、２０２２年末の安保関連三文書改定などによりその動きは加速されたが、これらの動きをもって、日本の平和主義は従来の「消極的な姿勢」から「積極的」なものにシフトしたとの評価もなされている。この「積極的平和主義」を支持する論理として、日本の安全保障の強化のみならず、国際社会への貢献や国際社会における地位向上などがあげられている。

しかしこれらの防衛力拡大のみに力を入れる政策は、日本が平和国家としての国際的地位を築いてきたその地位の基礎にある憲法９条との整合性に問題があったり、国民の理解と合意が十分に得られていないまま進められていたりするという問題がある。また、日本の軍事力強化が地域全体での過剰な軍事化を招くおそれがあり、地域の緊張を一層高める可能性があるという負の側面が語られていないといった問題もある。さらに、軍事的手段への依存が際立ち、外交的な解決が置き去りにされるという問題も起きている。

このような、日本の過度な軍事への傾斜は、地域の安定を損ねるだけでなく、国際秩序にも深刻な影響を及ぼしかねない。日本が米国との軍事一体化を進め、中国との地政学的な対立を一層深めることで地域内の国々は自らの安全保障政策を再検討せざるを得なくなり、その結果、インド太平洋地域全体が不安定化しかねない。

さらに、国際社会が協力して軍事的緊張を緩和する努力が求められる中で、日本が対話や外交を軽視することは、分断を助長することにもつながる。また、過剰な軍事化は市民の間に恐怖や不安を広げ、民主主義的価値観や人権の尊重を後退させる危険性も孕《はら》んでいる。これらは、日本自身の安全保障を脅かすだけでなく、国際的な協力の礎をも壊しかねない。それを避けるためには、対話と協力を重視し、分断を生むような政策や覇権的ディスコース（言説）を見直す必要がある。

本書第二部、第三部に詳しいが、外交的な対話を展開するためには、外交パイプを狭めず、信頼醸成を図りながら相互理解と協力を促進することが重要である。戦争を回避するために今求められているのは緊張を緩和するための外交であると日本政府は認識すべきである。例えば、相手国が戦争に踏み出すレッドラインをこちらが決して越えないとして相手国に安心を供与したり、経済交流を通して戦争をした時に失うコストを高め、戦争に出ることを躊躇させたりするなど、外交の役割は多岐にわたる。

アチャリアの「マルチプレックス世界」という考え方は、日本の安保政策が米国と一体化しながらの軍事的手段の強化に偏重し、他の外交や経済といった手段を軽視している現状への警鐘といえるだろう。新興国やグローバルサウスが日増しに存在感を増す中で、日本は米国や西側諸国を見るだけでなく、また、軍事だけを偏重するのではなく、人的交流などの外交を通じて、グローバルサウスを含む多くの国と外交のパイプを強化するべきである。

（松岡　美里）

第二部　日本の安全保障を見つめ直す

――「台湾有事」を回避するために

第1章　「平和国家」の看板を下ろす日本

第二次世界大戦後、日本は平和主義を憲法の三大原則の一つとして掲げ、防衛力や他国との防衛協力に制限を設けてきた。実際に、朝鮮戦争やベトナム戦争など周辺で起きた戦争からも一定の距離を置き、主体的当事者として戦争を経験しないまま戦後80年を迎えようとしている。

しかし、近年、特に２０１４年以降現在に至るまで、日本の安全保障政策は段階を踏みながら大きく変質し、かつての平和国家の姿はもはや認められないほどになった。代表的なものとして、14年に憲法解釈の変更により認められた集団的自衛権の行使解禁、15年に策定された新「日米防衛協力のための指針」（ガイドライン）と安保法制、そして22年に閣議決定されたいわゆる安全保障三文書がある。

これらの政策により、日本の防衛費をＧＤＰ比1％から2％に倍増すること、敵基地攻撃能力の保有、自衛隊と米軍との一体化などが推し進められ、日本は世界有数の軍事大国となるばかりか、米国の軍事的なパートナーとして世界中で役割を果たす国に変わりつつある。また、日本が攻撃を受けずとも、米国など「密接な関係にある他国」への攻撃に対して武力行使ができるようになるなど、平和主義の一番の現れである「専守防衛」も骨抜きにされた。

台湾をめぐって米中の緊張が高まる中、政府与党の関係者からは「台湾有事は日本有事」なる挑発的な言動も散見される。「抑止力」の強化を枕詞《まくらことば》に、本来は距離を置いて緊張緩和に向けた仲介役を果たすべき争いに自ら「巻き込まれ」ようとさえしているのが、今の日本の実像である。

平和国家の看板を降ろそうとしている日本は、どこに向かうのか。このことは日本や地域の平和と安全をどれほど脅かすのか。この10年で日本の平和国家としての姿がいかに変容してきたかを確認しつつ、その危険性を検証する。

■「自衛」の拡大―集団的自衛権の行使容認

日本政府は、自衛隊が発足した1954年以来、戦力の不保持を謳う憲法第9条の下で以下の「自衛権発動の三要件」に該当する場合のみ、武力の行使が例外的に許容されるとの憲法解釈を保持してきた。

①我が国に対する急迫不正の侵害があること、すなわち武力攻撃が発生したこと
②この場合にこれを排除するために他の適当な手段がないこと
③必要最小限度の実力行使にとどまるべきこと

国連憲章で固有の権利として認められている個別的および集団的自衛権のうち、日本は平和主義に照らして後者についてはその行使を認めず、日本に対する武力攻撃に対する場合に限って自衛権を発動できるという制約を課してきたのだ。

ところが２０１４年7月1日、日本政府は「我が国を取り巻く安全保障環境が根本的に変容し、変化し続けている状況」を踏まえ、憲法の解釈を変更し、集団的自衛権についても行使可能との閣議決定を行い、自衛権発動の三要件を「武力行使の三要件」として以下のように改めた。

① 我が国に対する武力攻撃が発生したこと、又は我が国と密接な関係にある他国に対する武力攻撃が発生し、これにより我が国の存立が脅かされ、国民の生命、自由及び幸福追求の権利が根底から覆される明白な危険があること（傍線は筆者）

② これを排除し、我が国の存立を全うし、国民を守るために他に適当な手段がないこと

③ 必要最小限度の実力行使にとどまるべきこと

日本が武力攻撃を受けておらずとも、米国をはじめとする「我が国と密接な関係にある他国」への攻撃があり、その危険性によっては日本が自衛権を発動できるように従来の憲法の政府解釈を大きく変更したのである。

この閣議決定に基づき、２０１５年9月19日、国会で、外国軍への支援や協力を可能とする国際平和支援法を含む安全保障関連法（安保法制）が可決され、翌年３月29日に施行された。

この施行により、自衛隊が米軍をはじめとする他国軍と共に武力行使を行う想定が広くなされるようになり、他国と共同訓練を行う地域が南シナ海やインド洋にも拡大し、共同訓練の数も施行前の15年から23年までに3倍以上に激増している。

憲法解釈の変更や安保法制の成立をめぐっては、「2015年安保闘争」ともいわれる大規模な反対運動が全国で巻き起こった。現在でも世論調査では反対の声が根強く、日本では保守系とされる読売新聞の世論調査でさえ、集団的自衛権の行使を認めている安全保障関連法を「評価する」との回答が半数を割るほどである（読売新聞2024年4月8日ウェブ掲載）。

■「必要最小限」の拡大―敵基地攻撃能力・長射程ミサイル

2014年の憲法解釈の変更を経ても、三要件の第三番目の文章に変化がないことからわかるように、「必要最小限度の実力行使」についてはそのまま引き継がれていた。しかしながら日本政府は2020年12月に長射程ミサイル（スタンド・オフ・ミサイル）の整備及び研究開発を行うことを閣議決定し、22年12月に同じく閣議決定で策定した「安保三文書」（国家安全保障戦略、国家防衛戦略、防衛力整備計画）により敵基地攻撃能力（反撃能力）の保有を認め、国会の審議も経ずに、「必要最小限度」の範囲を大きく拡大することを決定した。

従来、この「必要最小限度」の範囲・内容について、日本政府は「武力攻撃の規模、態様等に応ずるものであり、一概に述べることは困難」（２０１５年6月16日答弁）としながら、「性能上専ら他国の国土の壊滅的破壊のためにのみ用いられる兵器については、これを保持することが許されない」（２０１８年2月9日答弁）との考えを示してきた。

また、敵基地攻撃、つまり他国の領域における武力行動そのものについては、三要件に該当する限り憲法上許容されると解釈しながらも、「平生から他国を攻撃するような、攻撃的な脅威を与えるような兵器を持つことは憲法の趣旨ではない」（１９５９年、当時の伊能繁次郎《いのうしげじろう》・防衛庁長官による答弁）との見解を示し、その能力の保有については否定してきていた。なお、この見解は１９９９年時点でも「あてはまる」との答弁を当時の野呂田芳成《のろたほうせい》・防衛庁長官が行っている。

「安保三文書」で認めた敵基地攻撃能力の保有は、このような従来の政府見解を大きく塗り替えた。この文書の閣議決定後、当時の岸田文雄首相は「端的に言えば、ミサイルや戦闘機を購入するということだ」と力説し、実際に防衛省は長射程ミサイルの配備計画を進めている。これまで自衛隊に配備されていた最も長い射程距離を有するミサイルは、12式地対艦誘導弾（射程距離１５０〜２００㎞）であったが、２０２４年10月現在、主に以下のミサイルの配備が計画されている。

・12式地対艦誘導弾能力向上型　射程距離１０００㎞（２０２５年度〜配備予定）
・米国製巡航ミサイル「トマホーク」　射程距離１６００㎞（２０２５年度〜配備予定）
・島嶼《とうしょ》防衛用高速滑空弾早期装備型　射程距離１０００㎞（２０２６年度〜配備予定）
・島嶼防衛用高速滑空弾能力向上型　射程距離３０００㎞（２０２７年度〜配備予定）
・極超音速誘導弾　射程距離３０００㎞（２０３０年度〜配備予定）
※さらに、新地対艦・地対地精密誘導弾や、次期中距離空対空誘導弾等の開発も計画中

自衛隊のミサイル部隊は南西諸島を中心に配備が推し進められており、これらのミサイルを南西諸島に配備した場合、射程距離１５００㎞があれば平壌を、射程距離２０００㎞があれば北京を射程に収めることになる。

なお日本政府は「安保三文書」で、国民の批判を避けるため、敵基地攻撃能力を「反撃能力」と言い換えているが、実際には相手国がミサイルを発射する前であっても、攻撃に「着手」したと日本政府が認定すれば武力の行使ができるとの考えを示している。この「着手」の定義について日本政府は「個別具体的に判断」するとしており、どの段階が「着手」にあたるかという線引きをしていない。場合によっては、日本に攻撃が加えられることに先んじてミサイルの

発射等の措置をとることができると考えられるため、「反撃能力」という言葉は不正確である。

■防衛費倍増―世界3位の軍事費支出国へ

平和国家としての姿は、財政面でも崩れ去っている。日本は１９７６年の三木武夫内閣以来、防衛費をおよそＧＤＰ比１％以内に抑えていた。しかし２０２２年末の安保三文書では「防衛力の抜本的強化」とそれを補完する取り組みとをあわせ、27年度に防衛費の水準をＧＤＰの２％とすることが決定された。日本政府は国会の審議も通さず、５年間で日本の年間防衛費を倍増させ総額43兆円を支出する方針を決めたのである。

増額前の２０２２年度予算で、日本の防衛費は５兆１７８８億円と過去最高額に達していた。ＳＩＰＲＩ（ストックホルム国際平和研究所）による世界各国の軍事費の調査によると、この金額でさえ世界第9位に位置しており、日本はすでに世界有数の軍事国家であった。各国の水準が大きく変わらなければ、日本の軍事費は27年に世界第3位の規模になることが見込まれる。実際、防衛関係予算は23年度で6兆８２１９億円、24年度で7兆９４９６億円、25年度は概算要求でも8兆５３８９億円が計上されるなど、年々増加している。

なお、日本政府は43兆円の根拠について、２０２３年度からの5年間で購入する各装備品等の予算を積み上げたとしているが、野党議員による再三の要求にもかかわらずこの金額の詳細な内訳は公開されておらず、「積み上げ」などなく金額ありきで計上したのではという疑問が拭えない。

さらに、為替レートの変動を踏まえると43兆円では収まらないことがすでに明らかとなっている。というのも政府が増額費用の算出の際、23年度分については直近の1ドル137円で計算したものの、それ以降の4年度分は「過去5年間の平均値」として1ドル108円で計算していたからである。しかし22年以降円安の傾向は止まらず、24年には1ドル160円をつけることさえあった。為替レートの点だけをみても、予算規模は少なくとも1・5倍程度に拡大する可能性がある。

円安による増額は、米国政府を通じた「対外有償軍事援助（FMS）」で調達する武器や戦闘機などの金額に大きく影響を与える。FMSは、米国で製造された兵器を購入する際に適用される契約方式で、ドル建てで支払うため為替変動の影響を受けるからである。

なお、FMSにより日本が米国から購入した武器の合計金額は、集団的自衛権の行使を容認した2014年までは2000億円を下回っていたが、その翌年には4705億円に増え、19年には7000億円を超えた。これが23年にはさらに倍増され1兆4768億円にまで膨れ上がっている。なお、FMSのシステムの下で、武器調達にかかる経費が当初の計画より増えた主な装備品には下記のものがある（表1）。

予算はどこから捻出するのか。日本政府は、歳出改革や決算剰余金、税外収入を挙げているが、それに加えて法人税、所得税、たばこ税の増税で賄うとしており、「防衛増税」が予想される。また、国債発行で軍事費の膨張を招いた戦前の反省を踏まえ、戦後は行ってこなかった建設国債の防衛費への充当もすでに解禁されている。２０２３年度予算で戦後初めて４３４３億円の建設国債を防衛費に充て、24年度にはさらに多い５１１７億円を防衛費のために発行した。

表1

2025年度概算要求で当初の想定より経費が増えた主な装備品

※防衛省提供	2022年末時点の計画額上の単価	23年度当初予算	24年度当初予算	25年度概算要求
護衛艦「FFM」※	666億円	583億円	870億円	1046億円
※潜水艦	800億円	808億円	950億円	1161億円
哨戒機「P―1」	315億円	304億円	345億円	421億円
「ステルス戦闘機」「F35A」	100億円	133億円	140億円	156億円
「ステルス戦闘機」「F35B」※	160億円	179億円	183億円	202億円

東京新聞（2024年8月31日付）より

■武器輸出及び開発の解禁—日本製の武器が戦争で使われる

日本は、紛争を助長することを避け、また紛争の当事者にならないよう、武器輸出三原則に基づいて武器の輸出を禁じてきた。しかし、安倍政権が２０１４年にこの原則を撤廃し、その後の10年で武器輸出の制限は完全に崩れ去った。今や戦闘機を含む殺傷能力を有する武器・兵器の輸出が行えるようになり、武器輸出国家に変貌を遂げている。

元来、「武器輸出三原則等」は、「外国為替及び外国貿易法」の運用方針として政府答弁をもとに形作られてきたもので、左記の通り１９６７年に佐藤栄作首相が表明した「武器輸出三原則」と、76年に三木武夫首相が示した「武器輸出に関する政府統一見解」とを併せたものを指す。

１９６７年　佐藤栄作首相答弁

①共産圏国家

②国連決議により武器等の輸出が禁止されている国

③国際紛争の当事国又はそのおそれのある国、地域

に対して、武器の輸出を認めない。

1976年　三木武夫首相答弁
①三原則対象地域については「武器」の輸出を一切認めない
②同地域以外の地域については憲法及外国為替、外国貿易管理法の精神に則り「武器」輸出を慎む
※「慎む」という表現について、1981年に当時の田中六助通算大臣が「やはり原則としてはだめだということ」と答弁
③武器製造関連設備の輸出については「武器」に準じて取り扱う

その後、1981年には衆参両院が全会一致で三原則の厳格な運用を求める決議を採択するなど、日本は平和国家の国是として武器輸出を一切禁じたのである。ところが83年、中曽根康弘政権の下、例外的に日米防衛技術相互交流の一環として米国に対する武器技術の供与がなされたことを皮切りに例外が積み上げられていき、2010年代に入って例外化措置を見直す名目で原則が緩和・変更されていくようになる。

端緒となるのが2011年、民主党野田佳彦政権の下で示された「防衛装備品等の海外移転に関する基準」（いわゆる「包括的例外化措置」）であり、「武器輸出」を「防衛装備移転」と言い換え、平和貢献・国際協力に伴う案件についての防衛装備品等の移転を可能とした。また、

米国などの安全保障で協力関係にある国については、日本の安全保障に資する範囲で、防衛装備品等の国際共同開発・生産も実施することとされた。この2年後、安倍晋三政権下で日英間の「防衛装備品等の共同開発等に係る枠組み」が署名され、米国に次ぎ英国とも、防衛装備品等の共同研究・開発・生産や日英間での武器及び武器技術の移転が認められることとなった。

武器輸出の例外を増やす形でこの原則の空洞化がなされてきた末、安倍政権が2014年4月、国家安全保障会議及び閣議において、武器輸出三原則等に代わる新原則として左記の「防衛装備移転三原則」を決定。武器輸出の禁止という原則と限定的に許容される例外とを逆転させたことで、名実ともに「武器輸出三原則等」は瓦解《がかい》した。

第一原則：移転を禁止する場合の明確化（移転を認めない場合）

①我が国が締結した条約その他の国際約束に基づく義務に違反する場合

②国連安保理の決議に基づく義務に違反する場合

③紛争当事国への移転となる場合

第二原則：移転を認め得る場合の限定並びに厳格審査及び情報公開（移転を認め得る場合）

①平和貢献・国際協力の積極的な推進に資する場合

② 我が国の安全保障に資する場合

第三原則：目的外使用及び第三国移転に係る適正管理の確保

原則として、目的外使用及び第三国移転について我が国の事前同意を相手国政府に義務付ける

この原則改定から3カ月後の2014年7月、安倍政権は、戦闘機や巡航ミサイルの迎撃に用いられ、米企業のライセンスに基づき日本で生産する地対空誘導弾ペトリオット（PAC―2）の部品を米国へ輸出することを承認した。戦争を助長するため「死の商人」とも揶揄《やゆ》される世界の軍需産業ネットワークに、日本も加わったこととなる。

同年6月には、フランス・パリで開催された世界最大規模の国際的な防衛・安全保障展示会「ユーロサトリ」に初めて日本ブースが設置され、三菱重工業や日立、NECなど日本企業13社が参加したとされる。翌15年10月、防衛省の外局として、装備取得の関連部門を集約・統合する「防衛装備庁」が新たに設置され、16年のユーロサトリにはこの防衛装備庁が参加をした。国内では15年5月に横浜でMAST（Maritime Air Space Technologies）が開催されたことを皮切りに、DSEI（DEFENCE & SECURITY EQUIPMENT INTERNATIONAL）などの武器見本

市が繰り返し開催されるようになった。23年のDSEI Japanでは実に65カ国の企業が参加するなど、世界中の武器関連企業が定期的に日本に集まるようになっている。

2022年には前述の安保三文書で、軍需産業を「いわば防衛力そのものと位置付けられるものであることから、その強化は必要不可欠」と強調した上、「官民一体となって防衛装備移転を進める」と明記し、軍需産業の支援や武器輸出の増進を表明。これに基づき、翌23年6月には軍需産業強化法（防衛生産基盤強化法）を制定し、兵器製造の基盤強化や、「武器輸出」の円滑化、製造施設の国有化など、税金を投じて軍需産業を支援することを打ち出した。

武器輸出に関する国際約束も、2014年の新三原則の決定後、拡大の一途をたどっている。それまで武器等の輸出は米英に限っていたが、同年7月、日本政府はオーストラリアと武器輸出協定（防衛装備品及び技術移転に関する協定）を締結。これに続き、その後の10年でフランス、ドイツ、イタリア、スウェーデン、インド、シンガポール、フィリピン、インドネシア、マレーシア、ベトナム、タイ、アラブ首長国連邦（UAE）とも同協定を締結し、武器輸出の対象国は米英を含め15カ国にまで拡大することとなった。

安保三文書を発表した2022年12月には、日英伊の共同首脳声明として次期戦闘機を35年までに共同開発する事業「グローバル戦闘航空プログラム（GCAP）」が打ち出される。

イギリスが主導していた次期戦闘機「テンペスト」の開発と、日本が進めていた戦闘機「F―2」の後継機開発とを統合し、国際機関「GCAP政府間機関(GIGO,GCAP International Government Organization)」を設置した上で次期戦闘機を共同開発する計画が示された。翌23年12月に3カ国でGIGO設立条約が署名され、日本では、24年6月に同条約が国会を通過した。同年10月現在、年度内に英国にGIGOが設置され、初代トップの首席行政官には日本の岡真臣《おかまさみ》元防衛審議官が就任することが決まっている。

殺傷能力のある武器については新三原則の下でも輸出を禁じていたが、日本政府は原則にかかる運用指針を閣議で改定するという方法により、この制限も取り払った。まず2023年12月に行った運用指針の改定では、部品のみに限っていたライセンス生産品の輸出について完成品も輸出できるよう変更し、かつ、ライセンス元国から第三国への輸出も認めるとした。これにより地対空誘導ミサイル等の殺傷能力のある武器・兵器の輸出が解禁された。

さらに24年3月に行った指針の改定で、GCAPで共同開発する次期戦闘機について、前述の武器輸出協定を結ぶ国への完成品の輸出を可能とし、今後の対象武器や輸出先の拡大への門戸を開いた。

なお輸出可能とされたライセンス生産品については、2023年11月時点で、下記の武器・兵器を含め、79品目が示されている(表2)。

このように、日本はもはや、戦闘機を含み、殺傷能力のある武器・兵器についても輸出ができる武器輸出国となった。

表２　日本からの輸出が可能とされる可ライセンス生産品の一部

アメリカ	F15 戦闘機、P-3C 哨戒機、ヘリコプターCH47/UH60/UH-1、対空誘導弾ペトリオット地上装置、地対空誘導弾 PAC2/PAC3、短距離艦対空誘導弾シースパロー、70mmRL 弾、地対空誘導弾の改良ホーク等
イギリス	ヘリコプターMCH-101、81 ミリ迫撃砲、16 式機動戦闘車の砲身、大砲の砲身部分、81ｍｍ迫撃砲用りゅう弾、155mm りゅう弾砲用りゅう弾
フランス	120mm 迫撃砲、120mm 迫撃砲用りゅう弾、機雷探知機
ドイツ	155mm りゅう弾砲 FH-70、90 式戦車の砲身、25/35ｍｍ機関砲用徹甲弾
イタリア	54 口径 127mm 速射砲、62 口径 76mm 速射砲
ベルギー	5.56mm 機関銃 MINIMI
スウェーデン	84mm 無反動砲、84mm 無反動砲用りゅう弾
ノルウェー	12.7mm 小火器用徹甲弾

※2023 年 11 月の防衛省報道発表より筆者作成

■米国の「グローバルなパートナー」へ

「日本はかつて米国の地域パートナーでしたが、今やグローバルなパートナーとなったのです。日米関係がこれほど緊密で、ビジョンとアプローチがこれほど一致したことはかつてありません」

2024年4月、岸田首相（当時）は米連邦議会の上下両院合同会議でこのように演説した。防衛費の倍増や敵基地攻撃能力の保有などの取り組みにより日米同盟が「かつてなく強力」になったことを踏まえ、日本が米国の「グローバルなパートナー」として共に行動することを表明した。以前は憲法9条の制約を理由に米軍との協働に抑制的であった日本が、日本の域外における米国との協力も厭《いと》わないというメッセージを発したのである。議場ではスタンディング・オベーションが起き、米メディアは「日本は平和憲法から脱却」（CNN）、「新しい平和主義の提起」（The Diplomat）などと報じ、変貌を遂げた日本の姿を好意的に受け止めた。

この演説の前日に行われた日米首脳会談の共同声明では「日米同盟がインド太平洋地域の平和、安全及び繁栄の礎であり続けること」を確認している。日米安保条約はその目的を「日本」や「極東」の安全と定めているが、自衛隊と米軍の協働はすでにその範囲を大きく拡げている。

その上、「我々は、作戦及び能力のシームレスな統合を可能にし、平時及び有事における自衛隊と米軍との間の相互運用性及び計画策定の強化を可能にするため、二国間でそれぞれの指揮・統制の枠組みを向上させる意図を表明する」と記すなど、平時・有事を問わず、米軍と自衛隊の作戦や能力を統合すること、すなわち軍事の「日米一体化」が加速している。

なお、日米同盟の役割の拡大については、2015年4月に行われた「日米防衛協力指針（日米ガイドライン）」の改定ですでに示されていた。日米ガイドラインは、日米安全保障条約に基づいて日米間の防衛協力の枠組みや方向性を示した文書で、1978年に策定され、これまでに2度改定がなされている。78年の策定時には日本防衛を中心とされていたものが、92年の改定で「周辺事態」への対応へと協力を拡大させ、2015年の改定で地理的な制約を取り払った。現在のガイドライン（2015年改定）は、「アジア太平洋地域及びこれを越えた地域の平和、安全、安定及び経済的な繁栄の基盤を提供する」とし、日米同盟の役割をまさにグローバルに拡大している。

これに伴い、日本が米国とともに多国間枠組みを構築することが増加した。2019年には日本、米国、オーストラリア、インドの4カ国の枠組みであるQUAD（クアッド）が立ち上げられ、対中国を念頭にした「自由で開かれたインド太平洋」の実現に向けた協力が進められている。また、米国、イギリス、オーストラリアの3カ国が21年に立ち上げたAUKUS（オーカス）は、主として米英が豪州の原子力潜水艦の配備支援を行う軍事同盟であるにもかかわらず、２０２５年から日本も第二の柱（先端技術分野）に本格参加することとされている。さらに、23年8月に行われた日本、米国、韓国の首脳会談で発表された共同声明では3カ国のパートナーシップが「インド太平洋全体のためにある」と明記され、首脳・閣僚級会談や3カ国軍事演習の定例化が決定。24年4月には日本、米国、フィリピンの首脳会談が初めて行われ、海洋安全・保安を中心に3カ国協力を深めていくことが確認された。

日米同盟の強化・拡大が顕著に現れているのが共同訓練の増加だ。自衛隊の他国との共同訓練は２００６年には3回しか行われておらず、その後12年までは2～10回の間を推移する程度だったものが、15年の日米ガイドライン改定や16年の安保法制施行を経て、17年には30回を超えた。23年は56回行われ、うち50回に米国が参加。海上訓練の訓練場所は日本周辺が18回、東南アジアが10回、南シナ海が4回と、日本近海以外での訓練も増えてきている。

初めて行われる訓練も多く、24年4月、日米豪比の4カ国がフィリピン領海内で初の共同訓練を行ったほか、日米韓の3カ国も、従来の訓練に加え海空やサイバーなど多領域の訓練「フリーダム・エッジ」を24年6月に初開催し、2回目を早くも11月に実施した。さらにミサイル攻撃を想定した訓練も行われ、18年には日米のミサイル部隊による共同対艦戦闘訓練が、19年には陸自と米陸軍の共同対艦戦闘訓練がいずれも初めて実施された。

日米一体化が進むことで、自衛隊が米軍の指揮下に組み込まれる可能性も高まっている。実際、NATO軍や韓国軍については、有事の際に米軍の司令官の指揮下で軍事行動をとる体制になっており、米国は日本に対しても、自衛隊が発足する前から指揮機能を要求し続けてきた。1952年、米側が示した日米行政協定（現在の日米地位協定）案の第22条には、有事の際に米国が統一司令部をつくり、米軍と日本の安全保障組織を指揮することが書かれていた。日本政府はこの条文の明文化こそ退けたが、当時の吉田首相は「有事の際に単一の司令官は不可欠であり、現状の下では、その司令官は合衆国によって任命されるべきだということに同意した」と米国の公文書が示している（いわゆる「指揮権密約」）。

日米の指揮統制の統合に向けては、日本では2024年度末に陸海空の各自衛隊を一元指揮する「統合作戦司令部」を新たに創設することとした。一方の米国も、現在はハワイのインド太平洋軍司令部が持っている在日米軍の指揮権について、在日米軍を再編して新設する「統合軍司令部」に持たせる方針を示している。米軍が持つ兵力や情報量は自衛隊よりはるかに多いため、実質的にはそれぞれの指揮統制が統合され、軍事作戦を行う際に自衛隊が米軍の指揮に従う構図になりかねない。

このように、日本は憲法9条を維持しながらも、集団的自衛権の行使や敵基地の攻撃ができ、世界3位の軍事予算支出を予定し、殺傷武器を輸出し、米国の軍事パートナーとして世界中で役割を果たす国に変わりつつある。能力や権限が強化された自衛隊が米軍とともに日本域外にまで活動範囲を広げることは、米国にとっては「負担軽減」につながる望ましいことだろう。

しかし日本の私たちが考えなければならないのは、そうした自衛隊の在り方が「日本の安全」に資するかどうかである。逆に、これらの変化により、世界で行われている「米国の戦争」に日本がまきこまれ、より日本の安全が損なわれる可能性はないのだろうか。さらには、この防衛政策の変化により日本国民の負担が増えていることも見逃されてはならない。特に、沖縄は戦後一貫して「負担軽減」を訴え続けてきたが、この間の変化によりその負担はさらに集中的に沖縄で増加している。以下、第2章において、勃発の可能性が高いとされている「台湾有事」について概観し、日本が現在とっている政策の危険性を確認した上で、戦争を避けるために必要な外交戦略を描く。続く第3章で、沖縄の米軍基地負担の現状について振り返り、日本の「平和」の在り方を見つめ直す。

（巖谷陽次郎）

第2章　「抑止」の危険性・「安心供与」の可能性

■台湾をめぐる緊張の高まり

米中対立が深まる中、日本では、中国が台湾へ軍事侵攻を行う「台湾有事」の勃発が危惧されている。中国は、南シナ海で実効支配する岩礁などでの基地建設や、香港に対する統制の強化など拡張主義を強める中、台湾について、近年「核心的利益の中の核心」と位置づけを改め、米国の関与を強く警戒しながら軍事演習を繰り返している。

もっとも、台湾をめぐる緊張の高まりは、米側の発言や言動が助長している部分もある。2021年3月、インド太平洋軍のデービッドソン司令官の「台湾は明らかに彼らの野心の一つであり、その脅威は……6年以内に明らかになる」との発言や、23年1月、ミニハン米空軍大将による「直感では25年に我々は戦うことになる」「(沖縄・台湾・フィリピンを結ぶ）第一列島線内で戦って勝利できる、強化・統合された機敏な機動部隊の構築を準備する」というメモなどが報じられている。22年8月にはナンシー・ペロシ米下院議長（当時）が台湾を訪問し、これに対し中国は強い非難の上、台湾を取り囲む大規模な軍事演習を行うなど強硬な反応を示した。２０２３年には米下院に中国共産党特別委員会が設置され、中国に対する過激な批判が繰り返されている。

日本政府は、１９７２年の日中国交正常化以来、中国の主張する「一つの中国」を尊重するという姿勢を一定保っている。すなわち、日中共同声明の第二項において、日本政府は「中華人民共和国政府が中国の唯一の合法政府であることを承認する」とした上で、第三項で「中華人民共和国政府は、台湾が中華人民共和国の領土の不可分の一部であることを重ねて表明する。日本国政府は、この中華人民共和国政府の立場を十分理解し、尊重し、（台湾と澎湖《ほうこ》諸島の中国返還を決めたカイロ宣言の履行を認める）ポツダム宣言第八項に基づく立場を堅持する」とした立場を変えていない。これは、２０２３年11月に行われた岸田首相（当時）・習近平国家主席の日中首脳会談においても、「変更はない」と表明されている。

しかしながら、日本は実態としては米国の対立姿勢と軌を一にしている。２０２１年４月、日米首脳会談の共同声明に「台湾海峡の平和と安定の重要性を強調するとともに、両岸問題の平和的解決を促す」との一文が記された。日米の首脳声明で台湾が明記されるのは、日中が国交を正常化して以来、半世紀ぶりのことであった。この前月に行われた日米外務・防衛閣僚の日米安全保障協議委員会（２＋２）も、中国を初めて名指しし全面的に批判した上で、「台湾海峡の平和と安定の重要性を強調」と明記。これに続く２０２２年１月の日米２＋２では、日米協力の強化や、自衛隊の体制の強化を謳い、様々に想定される有事の際には共同で対処することを宣言した。

台湾有事自体は、本来は「日本の戦争」ではない。在日米軍基地からの米軍の出撃や日本の自衛隊派遣などで台湾を支援することで、初めて日本が関与する問題になるはずのものである。しかし、安倍元首相の「台湾有事は日本有事」という発言や、麻生元首相による「(台湾海峡有事は）日本の存立危機事態だと日本政府が判断をする可能性が極めて大きい」との発言に表れるように、日本政府・与党関係者は台湾をめぐる紛争に積極的に「巻き込まれ」ようとする姿勢を繰り返し示しており、そのために「抑止力」を高める必要性が声高に叫ばれている。

■「抑止」一辺倒の危険性

日本で安全保障の議論がなされる時には、もっぱら軍事力を背景とした「抑止」の視点からしか語られず、「抑止力」が日本を平和にするという言説が溢れる。しかし、抑止は万能ではない。それどころか、むしろ戦争を招く危険性もはらんでいる。

抑止論とは、攻撃をしようとする相手国に対して、反撃する意志と能力を示すことで多大な損害を被ると認識させ、攻撃を思いとどまらせるという論理である。日本で言えば、世界で最も強い軍隊を抱える米国との同盟を固く結んでいれば、どの国も反撃を恐れて攻撃してこないはず、という想定の下、日米同盟が維持されている。

このような想定には矛盾がある。そもそも抑止は、破綻した場合、つまり相手国による攻撃が起きてしまった場合には「抑止が効かなかった」ことが証明されるが、攻撃が起きていない場合には必ずしも「抑止が効いている」ことを証明できない。相手国が攻撃をしない理由は「反撃による損害の想定」に限定されず、軍事力や経済力の不足、世論の支持を失うことによる体制維持の不安など様々な理由がありうるからだ。

また、仮に「抑止が効いている」状態が認められたとしても、反撃の意志と能力を相手に正しく認識させ続け、攻撃を思いとどまらせることができなければ、その抑止は破綻する。抑止の破綻の実例は多数あるが、私たち日本人にとっては他ならぬ大日本帝国が一番の好例だろう。１９４１年、米国から石油の禁輸に加え、侵略地域からの撤退や三国同盟からの離脱など非妥協的な要求を突き付けられた日本は、到底勝ち目がないことを知りながらも、太平洋戦争を開戦した。それは兵力や生産工業力など米国の「強さ」を誤解したわけではなく、むしろ日本の「弱さ」を認識していたが故に、限界まで追い詰められ冷静な判断を欠いた結果だったといえよう。米国の抑止力は効かなかったのである。

さらに、「抑止力」を強めるばかりでは、戦争を誘発する危険性さえ高めてしまう。これは安全保障のジレンマとも呼ばれるが、実際に、軍拡競争と戦争の関係について、１８１６～１９６５年の１５０年間に起きた大国間の紛争を基に実証的な検証を行ったデータがある。この研究によれば、対峙する国が軍拡競争を行った場合には82％が戦争に至ったが、軍拡競争を行わなかった場合には４％しか戦争に至らなかった（表3）。

仮に台湾をめぐって武力衝突が起きたらどうなるだろうか。防衛研究所が２０２1年度にまとめた報告書「将来の戦闘様相を踏まえた我が国の戦闘構想／防衛戦略に関する研究」では、「中国のミサイル攻撃そのものを阻止するのは困難」としながら、半年から1年「時間を稼ぐ」ことができれば米軍が駆け付け、中国の行動を阻止できると

表3

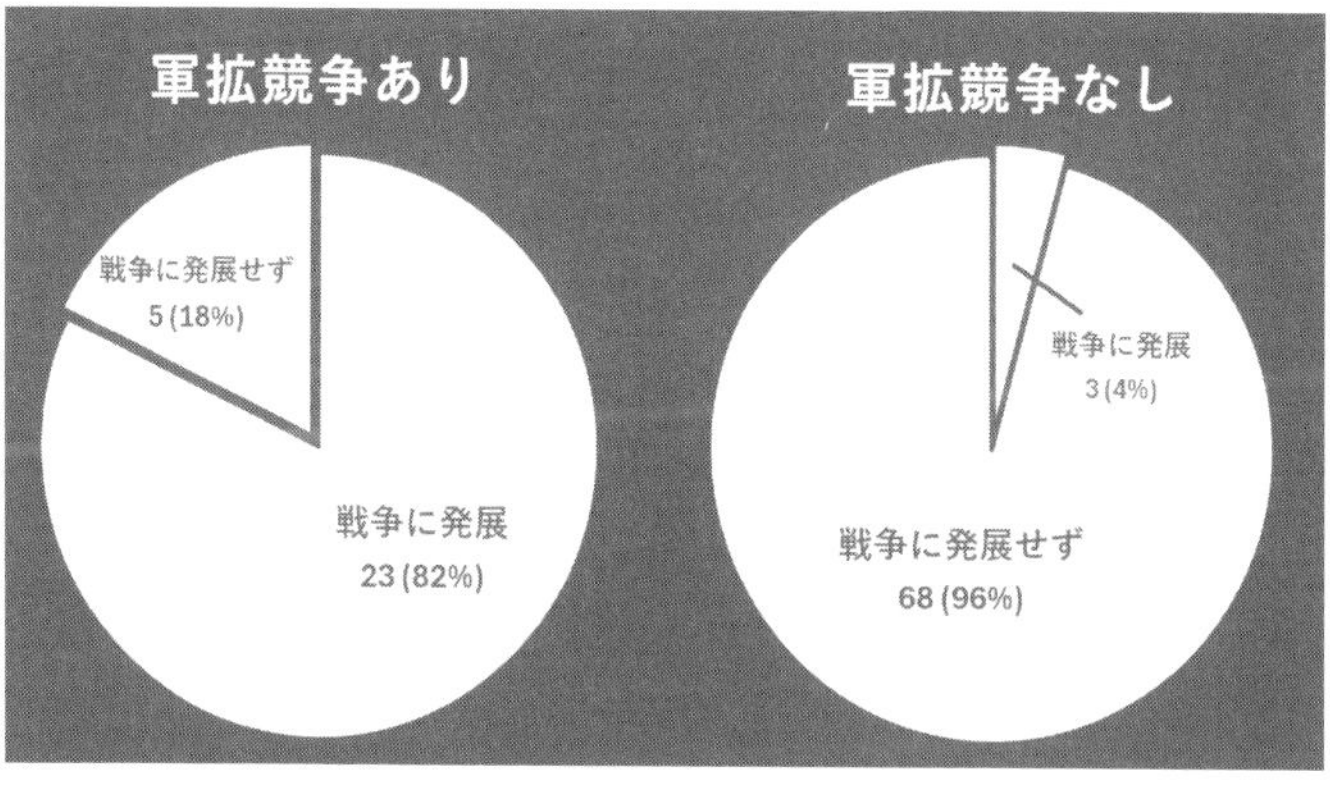

Michael D. Wallace, “Arms Race and Escalation,” Journal of Conflict Resolution, 23(1), 15.

想定している。ミサイル攻撃が続く半年から1年の間には何が起こるのだろうか。米「戦略国際問題研究所（ＣＳＩＳ）」が２０２３年1月に公表した台湾有事を想定した机上演習の報告書は、在日米軍基地から出撃する戦闘機の9割は、飛び立つ前に地上で撃破されるとしている。つまり少なくとも戦闘機が配備されている基地には、中国のミサイルが降り注ぐということだ。当然、被害は基地の中に留まるはずがなく、また、米軍基地や自衛隊基地は日本全国にある。

そもそも武力衝突に至らずとも、緊張がさらに高まり、日中の貿易が断絶されるだけでも、日本の被害は甚大である。日中貿易は輸出入ともに日本の全貿易額の約２割を占め、「中国から日本への輸入の８割（約1・４兆円）が２カ月間途絶えると、約53兆円分の生産額が消失」するとの試算もある（日経新聞　２０２２年10月18日）。

日本には中国と戦争をするという選択肢はなく、抑止政策による軍備の拡大が武力衝突の危険性を高めることを考えれば、戦争が起こる可能性を引き下げる外交政策に注力をする他ないのである。

■日本がとるべき「安心供与」外交

対峙する国同士が均衡を保とうとする際に求められるのは、相手の「容認できないレッドライン」を認識し、それを脅かさないことである。つまり、抑止をしようとする側に求められるのは、自国だけではなく、相手国の利益にも思いを致すことだといえる。日本では戦争を避ける外交政策として抑止力の強化ばかりが取り上げられるが、抑止だけが安全保障の方法ではない。日本が重視すべきは、相手国の「戦争してでも守るべき利益」を脅かさないと示すことで戦争の動機をなくす「安心供与（reassurance）」の外交だ。

台湾有事に関して、例えば日本は以下のような外交をすべきである（本書末尾の提言参照）。まず台湾に対しては、民間レベルの交流を維持しながら、過度な分離独立の姿勢をとらないよう説得するべきだ。中国の「容認できないレッドライン」は、「台湾の分離・独立」であり、それを防ぐためであれば武力行使も辞さないだろう。裏を返せば、分離・独立がなければ、武力行使の理由はなくなることになる。

それでもなお、偶発的な衝突が起き、それが大きな戦争に発展する可能性もある。そのため米国に対しては、中国への挑発をいさめるよう働きかけるべく、在日米軍基地から米軍が出撃することを認めない可能性があることを伝えることが有効だ。先に述べたＣＳＩＳの報告書は、台湾有事において、「在日米軍基地の使用は米国勝利の絶対条件である」と言い切っている。この在日米軍基地の使用について、日米は１９６０年の日米安全保障条約改定時、「事前協議」という制度を設けた。これは、米軍が日本国内の基地を使うにあたり、①配置の重要な

変更 ②核兵器を含む装備の重要な変更 ③日本防衛以外のための戦闘作戦行動、において、日本との事前協議を米国に義務づけたものだ。在日米軍基地が使えない可能性を想定させることで、米国の中国への強硬姿勢を緩和させるべきだ。

中国に対しては、前述の台湾に関する「中国の立場を理解・尊重する」という1972年の日中共同声明の立場を堅持することを示し、首脳・閣僚級の相互訪問を再開するなど関係改善を図りながら、今のような日米一体化のみへの傾斜を改めることを行動で示すべきだ。当然、中国に対し、過度な軍備増強や台湾への安易な武力行使については、国際的な反発が中国を窮地に追い込むことを伝え、控えねばならないと諭すことも必要である。実際の日中外交では、故安倍首相が約束した日中首脳の相互訪問はこの5年以上もの間行われておらず、そればかりか、日本の閣僚による訪中も、2024年7月に厚生労働大臣が訪中するまで、1年以上も行われていなかった。

日中は、互いの共通利益を拡大する「戦略的互恵関係」を推進するという方向性を確認し合ってはいるものの、軍事的な対立構造に変化の兆しは見えない。その象徴とも言えるのが、偶発的な衝突を避ける名目で2018年6月に運用を開始した海空連絡メカニズムの柱の一つ、「日中防衛当局間ホットライン」の形骸化だ。メカニズムの開始から5年近く経った23年3月にようやく開設されたものの、防衛当局間の交流行事での利用にとどまっている。24年7月、海上自衛隊の護衛艦「すずつき」が中国の領海で異例の一時航行をした際や、その翌月、中国軍のY9情報収集機が長崎県沖で軍用機として初めて日本領空を侵犯した際などには、ホットラインを利用して意思の疎通を図るべきであったが、使用されなかったという。台湾有事を防ぐことはもとより、東アジアの安定のためには日中関係の改善は欠かせない。

台湾有事はまだ起きておらず、防ぐことのできるものだ。その道のりがいかに困難であっても、戦争という悲劇を招来させないためにも、最後まで外交を諦めてはならない。

（巖谷陽次郎）

第3章　「日本の要石」から「日米の要石」にされる沖縄

２０２４年、沖縄では、米兵による性的暴行事件が相次いで発覚した。23年12月末に起きた事件が３月末に起訴されたが、政府や県警は沖縄県に伝えず、起訴から約３カ月が経った6月末に報道でようやく明らかになった。他の複数の性的暴行事件の隠ぺいも次々発覚し、県民は米軍や日本政府、県警の対応に怒りを爆発させ、「また守れなかった」と自分たちを責めた。こうした米軍による事件・事故は、第二次世界大戦後、沖縄をはじめとする米軍基地を抱える各地域で途絶えることがない。

日本の安全保障政策は、日本国憲法第９条と日米安全保障条約の上に形作られてきた。憲法9条が戦争放棄・戦力不保持・交戦権否認を定める一方、日米安全保障条約は、米国に対して日本を防衛する義務を、日本に対して施設・区域を米軍に提供する義務を負わせている。かつて、西村熊雄（元外務省条約局長）は、この体制を「物と人との協力」と呼んだ。「物」、すなわち日本が提供する基地と、「人」、すなわち米国が提供する軍隊によってこの日米安保体制が成り立っているというのである。

しかし、「物と人との協力」との見方は、国家の立場から見た時、あるいは「物」を提供していない地域から見た場合に限られるのではないだろうか。基地にずっと占領されてきた沖縄の視点では、「物（土地）」も奪われ、「人（軍隊）」からも多くの被害を受け続けている。沖縄の目には、この日米安保体制は「物と人による犠牲」とも映る状況にある。

現在、沖縄には米軍基地が33施設あり、そのうち米軍が直接管理する米軍専用施設は31施設、総面積は1万８４５４haで、これは、日本全国にある米軍専用施設面積の70・３％を占めている（２０２３年5月時点）。沖縄県の面積は日本全体の０・６％に過ぎないが、県全体の８・２％の土地が米軍基地として利用されており、その中でも県人口の90％が集中する沖縄本島は、その面積の14・６％を米軍基地が占めている（２０２２年10月時点）。なぜ、これほどまでに多くの米軍基地が沖縄に集中しているのだろうか。

本書の第二部第1章では、平和国家日本の変容を確認したが、そもそも沖縄には平和な時期はあったのだろうか。本章では、沖縄の米軍基地建設の起源とその後の固定化について振り返り、日米安保体制の「物と人による犠牲」の下にある沖縄の現状を明らかにする。

■米軍基地の起源──1945沖縄戦

沖縄における米軍基地建設は、1945年、太平洋戦争末期の沖縄戦に遡《さかのぼ》る。太平洋戦争開始時の沖縄は、郷土部隊を持っておらず、1943年までの日本軍にとっての沖縄は、軍事的価値のない「空白地帯」だった。しかし、次第に戦況が悪化していくにつれ、43年9月に大本営は「絶対国防圏」を設定し、マリアナ諸島に展開する航空部隊の支援のため、南西諸島に中継基地を設けようと、読谷、伊江島、石垣島に飛行場の建設を行っていく。44年3月22日、沖縄の防衛を強化するために、第32軍が結成され、県内数カ所に航空基地が建設されていった。

その後、第32軍の精鋭部隊である第9師団がレイテ沖海戦のために台湾に派遣されたことで、第32軍の戦力は減少し、再度作戦を立て直す必要があったところ、特攻機を用いた航空戦を重要視する大本営と現場の第32軍は作戦において対立する。結果、大本営が予定していた嘉手納、読谷の飛行場に守備を固めながら米軍上陸を迎える作戦ではなく、第32軍は米軍の沖縄上陸間近に嘉手納、読谷、伊江島の飛行場を自ら破壊し、本島中南部に構える陣地内で米軍を迎えることになる。その後、本土防衛の「捨て石」として、多くの県民を巻き込む地上戦へと突入していった。

米軍は、沖縄を攻略した後、本土決戦を予定していたため、沖縄における日本軍掃討作戦と並行して「軍事基地の確立」を目的とした「アイスバーグ作戦」を策定していた。1945年3月26日に慶良間諸島、4月1日に沖縄本島に上陸した米軍は、その日の午前中に読谷の「北飛行場」、嘉手納の「中飛行場」を奪い、4月7日に読谷、4月10日には嘉手納飛行場を米軍基地として使用を開始した。なお、米軍は4月5日に米海軍政府を沖縄に設置、布告第1号（ニミッツ布告）を公布し、南西諸島とその周辺海域を米国の占領地域と定め、日本の行政権を停止し、軍政を施行すると宣言している。以降、沖縄は日本から政治的に切り離され、1972年5月15日に日本に復帰するまでの27年間、本土と異なる歴史を歩んでいく。

米軍は沖縄上陸後、北部と南部に分断しながら作戦を展開していった。本島の中部や南部で激戦が行われている間、先に占領が進んでいた北部では、米軍が、捕らえた住民を射殺したり、女性を暴行する事件が多発した。こうした住民に対する犯罪は、沖縄戦の最中、米軍の軍法会議で裁かれていた。当初は、有罪判決が下されるも、その後免罪するような判断が行われていた。

米軍は、4月1日から8月31日まで、住民約25万人を南部から北部へ移動させて沖縄の総面積の約10％の土地に押し込め、住民を追い出した土地において基地建設を強行した。本島に18本、伊江島に4本の滑走路を整備し、飛行場の建設も進められた。

激しい沖縄戦が続けられた後、日本軍の組織的戦闘は6月23日に集結し、その後、9月7日に降伏調印式が行われた。犠牲者数は米軍1万2520人、日本軍6万5908人、沖縄県出身の軍人・軍属は2万8228人、一般の住民は9万4000人である。沖縄県民全体では12万2000人超、実に県民の4人に1人が犠牲となっている。

ここで指摘しておきたいことは、当初米軍が沖縄を占領し、飛行場を接収したのは、本土侵攻を行うためであり、恒久的に使用する意図はなかったということである。しかし、沖縄の基地負担割合は戦後徐々に過重なものになっていく。

■戦後初期の沖縄

1945年8月14日に日本がポツダム宣言を受諾し、8月15日、太平洋戦争は終結した。これにより、沖縄における米軍基地の役割は本土侵攻から戦後の新たな戦略拠点へと変わることとなった。太平洋戦争終結直後の9月27日、統合参謀本部は基地に関する報告書JCS570／34で、米軍にとって沖縄は「二次的基地地域（二次的基地）」として位置づけられたものの、10月25日には、戦略見直しにより報告書JCS570／40が統合参謀本部で承認され、沖縄は「主要基地地域（最重要基地）」に格上げされた。

その後、本土では戦後の振興政策が進むなか、沖縄では米軍部による明確な統治政策がとられずに放置される状態が続き、「忘れられた島」と呼ばれ、その間は、沖縄を直接統治していた現地米軍は規模拡充できずにいた。

その後、米ソの対立激化や、1949年の中華人民共和国の成立などもあって、1950年2月にはGHQ（連合国最高司令官総司令部）が沖縄米軍基地の恒久化を発表し、これがその後の大規模な軍事基地の建設につながっていった。同年6月、朝鮮戦争が勃発し、在沖米軍基地の戦略的価値はさらに高まり、「忘れられた島」は「太平洋の要石」と変貌していく。

1952年4月28日、サンフランシスコ講和条約が発効し、日本は独立国として主権を回復した。と同時に、同講和条約3条によって、沖縄は日本の主権から切り捨てられ、引き続き米国の施政権下に置かれた。

なお、52年時点では、在日米軍基地の約9割が日本本土にあったが、米国施政権下の沖縄ではその後、米軍基地が拡大されていく。

■本土から沖縄へ

1953年に発足した米アイゼンハワー政権は、朝鮮戦争で膨れ上がった国防費の削減という最重要課題の解決のため、新たな安全保障戦略「ニュールック戦略」を打ち出した。同戦略は、核兵器の抑止力に依存し、米軍の陸上兵力を減らすことで国防費を削減するという方針を掲げていた。また、同盟国との緊密な協力関係を重視し、局地的な紛争については同盟国の陸上兵力に対応させることを目指した。これに基づき、日本、韓国、台湾における米軍の陸上兵力を削減する極東米軍再編が進んでいく。

この再編計画の一環として、1954年7月、本土に配備されていた海兵隊の沖縄への移駐が決定し、沖縄では土地の強制接収が行われることとなる。当初、米軍内部でも反対の意見があがっていたとされるが、「銃剣とブルドーザー」と呼ばれる極めて暴力的な武力を用いた方法で、住民から土地が奪われていった。その後、1956年岐阜県と山梨県の海兵隊が沖縄に移転するなど、日本の米軍基地は次第に沖縄に集結していく。1957年には、海兵隊が北部訓練場を接収し、1960年には普天間飛行場（以下、普天間基地）が空軍から海兵隊に移管されている。この時期に起きた沖縄への海兵隊移転が、現在の普天間基地の危険性、辺野古新基地建設問題、北部訓練場米軍廃棄物の問題に影響している。

こうした沖縄への移転計画の大きな要因には、本土での反米運動、反基地運動の激化があった。特に、1954年3月、米国がビキニ環礁で行った核実験で、日本人漁船員が被ばくした「第五福竜丸事件」は、日本国民の反米感情を悪化させ、全国的な反核運動へと発展した。その他、内灘闘争（52年）、砂川闘争（55年）、ジラード事件（57年）をきっかけとした基地闘争など反米闘争が全国で広く行われた。こうした背景の下、本土では、米陸軍戦闘兵力と海兵隊の撤退が決定され、沖縄では海兵隊の基地・兵力が拡張されていったのである。また、その間に、第一次台湾海峡危機（54年）が起き、沖縄への核兵器配備が強化されていく。このように本土の基地整理縮小と沖縄の基地拡大が進み、60年には、米軍基地面積の比率は同等になった。

その後起きたベトナム戦争（１９６５～73年）を背景に、沖縄の米軍基地は出撃拠点および後方支援訓練拠点として重要な役割を持ち、北部訓練場ではゲリラ訓練が行われた。現在「極東最大」の空軍基地とされる嘉手納基地の滑走路の拡張もこの時に行われたものである。こうした沖縄に対し、本土では60年代にも基地の整理縮小が実現した。

１９７２年5月15日、沖縄は日本に復帰した。日本政府は沖縄の施政権返還に合わせて、沖縄の米軍基地の整理縮小を目指し米政府との交渉を試みるも、この時返還された基地は全体のわずか15％に留まり、沖縄には広大な基地が残った。沖縄では県民の願いが叶わず、他方、本土では、米軍基地の整理縮小が続いた。１９７３年1月に日米間で合意された「関東平野地域における施設・区域の整理・統合計画（関東計画）」に伴い、関東平野地域における米空軍基地を削減し横田基地に統合することで、首都圏のほとんどの空軍基地の閉鎖が実現した。

■普天間基地返還・辺野古新基地建設問題

1995年9月、在沖米軍の海兵隊員2人と空軍兵1人の計3人の米兵が小学生の少女（12歳）を拉致し、強姦する事件が起きた。戦後50年を迎えた年に起きたこの痛ましい事件は、米国施政権下と変わらない沖縄の状況を浮き彫りにした。翌10月には、保守革新を超えた沖縄県民総決起大会が開かれ、約8万5000人（主催者発表）の県民が集まる復帰後最大の抗議大会が開催された。この大会では、日米両政府に対して、①米軍人の綱紀粛正《こうきしゅくせい》と米軍人・軍属の犯罪の根絶、②被害者に対する謝罪と完全補償、③日米地位協定の早急な見直し、④基地の整理・縮小促進の4項目が決議された。こうした沖縄県民の反基地、反米感情の高まりを受けて、同年11月に基地の整理・縮小や米軍基地の騒音・訓練の問題などに取り組む「沖縄に関する特別行動委員会」（SACO）が設置された。

翌年の1996年4月に出されたSACO中間報告において、沖縄県内に代替施設を建設する条件のもと、普天間基地を5～7年以内に全面返還することが日米で合意される。1996年12月の最終報告では、必要性が失われた時には「撤去可能」な海上施設を建設し、そこに普天間基地の運用及び活動を「最大限可能な限り」移転することや、その他10施設の米軍基地を返還することが合意された。

当初は、嘉手納基地が代替施設の候補に上がったが、地元の反対や嘉手納基地側が拒否したことを受け、名護市辺野古のキャンプ・シュワブ沖合が候補となった。1997年12月、受け入れの賛否を問う「名護市民投票」が行われ、反対票が半数を超えた。しかし、その3日後、比嘉鉄也名護市長（当時）は受け入れを表明するとともに辞職した。翌年11月には、受け入れ反対を表明していた現職の大田昌秀知事を破って、自民党の支持を得て沖縄県知事となった稲嶺恵一知事は「軍民共用空港」「15年の期限付き」の条件をもって移設を受け入れた。その後、1999年12月、日本政府は、「普天間飛行場の代替施設に係る政府方針」を閣議決定し、2000年7月、約2500mの滑走路の建設を決定した。

しかし、2006年4月、日米両政府は名護市辺野古のキャンプ・シュワブ沿岸の浅瀬部分を埋め立て、約1800mのV字型の2本の滑走路を建設することを改めて合意した。新基地には普天間基地にはない機能の追加が予定されており、「撤去可能」な代替施設は「新基地」建設へと変更されたのである。

■「辺野古が唯一の解決策」

２００９年８月、戦後初の本格的政権交代が実現し、民主党政権が誕生した。首相となった鳩山由紀夫氏が普天間基地の代替施設について「最低でも県外」を掲げての政権交代であった。多くの沖縄県民がその実現に期待をし、県内で辺野古新基地建設反対運動が盛り上がりを見せる。しかし、鳩山首相は、官僚やメディアなどの強い抵抗、また、他の国内移設候補地の反対にあい、県外移設を断念し、沖縄県民の希望は失望に変わった。２０１２年末には自民党が政権を取り戻し、安倍晋三政権のもとで、２０１３年12月27日、仲井真弘多知事（自民党）が、「県外移設」を選挙公約に当選していたにもかかわらず、「沖縄振興予算」「普天間基地の５年以内の運用停止」を条件に辺野古の埋め立てを承認した。この承認に対して、沖縄県民は怒りを爆発させた。

その後、２０１４年１月の名護市長選挙で、辺野古新基地反対を掲げる稲嶺進氏が再選を果たした後、11月の県知事選挙では、政府・自民党の支援を受けた現職の仲井真弘多氏に対し、当時那覇市長であった翁長雄志氏（元自民党沖縄県連幹事長）が、県内の革新と一部の保守をまとめ辺野古新基地建設に反対する「オール沖縄」を構築して選挙に挑み、10万票差をつけて勝利した。その後の12月に急遽行われた衆議院選挙においても、県内4つの小選挙区全てで辺野古新基地建設反対を掲げる候補者が当選し、沖縄の民意を突き付けた。さらには、2018年9月30日、翁長知事の急逝に伴い行われた沖縄県知事選で、「オール沖縄」の支援を受けた玉城デニー氏が自民・公明が支援する佐喜真淳氏に8万票差をつけて勝利した。

しかし、このように沖縄の意思が明確に表明されたにもかかわらず、普天間基地の移設問題は「辺野古が唯一の解決策」であるとして、沖縄の民意は無視され続け、安倍政権は、2018年12月14日、辺野古の海に土砂投入を行い、埋め立て工事を開始する。

これに対し沖縄からの明確な異を唱えるべく、2019年2月24日、普天間基地の辺野古移設に伴う埋め立ての賛否を問う県民投票が行われ、投票数の約72%が反対の意を示す結果となった。さらに、19年には、埋め立て予定の大浦湾の海底に軟弱地盤が見つかり、埋め立て計画の変更が必要になる。

米軍キャンプ・シュワブ沿岸部（辺野古側）
沖縄タイムス（2023年12月14日付）より

これにより、政府は、この辺野古の新基地建設工事について3500億円と説明していた総事業費（14年）を、19年度には、軟弱地盤の改良工事を追加するとして約2・7倍の9300億円という試算に変更している。

普天間基地の危険性の早期除去のための辺野古新基地建設は、普天間返還合意から28年を迎える今も完成の目処が立たず、事業費は増加の一途を辿り、工事の完成さえ見込めないのが現状である。

■「銃剣とブルドーザー」から「沈黙と杭」へ――沖縄から日本の「平和」を問う

米国施政権下の沖縄で、米軍は、基地拡大のために土地を強制接収し、武装兵を動員して抵抗する住民を追い出し、ブルドーザーで家屋や農地を破壊して広大な土地を奪った。「銃剣とブルドーザー」と呼ばれる一連の基地建設の手法は、まさに米軍による直接的暴力であった。他方、辺野古新基地建設はこれとは異なる形で建設が行われていると筆者は見ている。

1972年の本土復帰以前の沖縄では、基本的人権が保障されず、自治権、自己決定権が著しく制限され、米軍基地に起因する事件・事故、凶悪犯罪が多発していた。こうした米軍支配からの解放と、戦争放棄・戦力不保持、基本的人権の尊重、地方自治を定めた日本国憲法による保護に期待して沖縄は日本復帰を果たしたのである。しかし、復帰後、今度は日米安保条約の下で、沖縄は過重な基地負担を強いられるようになり、人権の侵害が日常化していくことになる。そして沖縄が求めた基地負担の軽減を実現するはずの合意が、いつの間にか辺野古における新基地建設という新たな負担の押し付けにすり替わっている。

言わば沖縄の犠牲の上に「日本の安全」が成り立っているにもかかわらず、その犠牲や、負担軽減を訴える沖縄の声に対して、日本本土に生きる人々が向き合うことなく「沈黙」した果てに辺野古新基地建設があるのだ。辺野古の海は、こうした日本本土の「沈黙」と、辺野古・大浦湾や県民の心に無数に打ち続けられる「杭」によって埋め立てられている。その意味で、米国施政権下に米軍が強行した「銃剣とブルドーザー」（直接的暴力）とは異なり、日本の憲法の下にありながら「沈黙と杭」（間接的暴力）によって沖縄に新たな犠牲が強いられているといえよう。

暴力の主体は米国と日本の両者であり、辺野古を含む米軍基地の問題は「沖縄固有の問題」などではなく、日本の「平和」の在り方の問題なのである。日本の「平和」というと憲法第9条に焦点が当たる一方、このような沖縄の犠牲に目が向けられることは極めて少ない。沖縄の問題については「自分事」で考える重要性が語られることが多いが、日本本土の人々が「自分事」として自覚すべきは、「沖縄の痛み＝被害者性」ではなく、「日本本土による暴力＝加害者性」である。

つまり、米軍基地問題に対する責任は、沖縄への基地負担を望んでいるか否か、あるいは基地問題に関心を持っているか否かを問わず、日本本土に生きる人々すべてに等しく問われているのだ。あえて付言すれば、その責任は、日本本土各地の反対運動によって米軍基地をその地からは「撤退」させた経験がある人や、「平和」のために憲法第9条を護る活動をしてきた人であっても免責されるものではない。むしろそのような人たちこそ、沖縄へ基地が集中していった背景に触れ、日本の「平和」のために沖縄の「平和」がどれほど脅かされているか考えてみてほしい。

世界には戦争が溢れ、日本の安全への懸念も深まっている。日本本土に生きる人々には、今こそ、改めて沖縄と日本の歴史や現状を知り、自らの加害者性から目を逸らさずに、日本の「平和」の在り方を見つめ直すことが求められている。

（仲本　和）

第三部　「新外交」10年の軌跡

安全保障の絶対的な命題である「戦争を回避する」ために何がなされるべきなのか、また、私たちに何ができるのか。

抑止力一辺倒の現在の日本の安全保障政策において、戦争回避のために絶対的に欠けているのは、外交である。抑止力が効いているとされる今のうちに、外交・対話による緊張緩和を進めなければならない。

政府が充実した外交を行うよう直接間接に働きかけ、さらには、およそ政府間に限られていた外交を切り拓き、議員外交や地方自治体外交、有識者外交、市民社会外交などを実践し続けてきたのが新外交イニシアティブの「新しい外交」である。

新外交イニシアティブは、辺野古新基地建設に反対する沖縄の人々の声をワシントンに届けようと米議会への働きかけを始めたのがきっかけで設立された。政策提言を行うシンクタンクとして、設立から今日までの10年超の間、調査・研究を重ねて政策提言を作成し、政府や国会にそれを伝え、国会議員や地方自治体と共に具体的な政策の実現・実施に向けて取り組みを続けてきた。また、シンポジウム開催やメディアを通して世論を喚起し、さらには、米国やアジア諸国ともつながって変化を起こすべく、国境を超えた研究会・イベントの開催や海外メディアへのアウトリーチも重ねてきた。また、沖縄の現状を体感し、日本の声なき声を知ってもらうため、各国で影響力ある方々の日本招致も続けてきた。一丁目一番地であるワシントンにおける取り組みについても、自らの声を米国に届けたいとの想いを持つ政治家や地方自治体の活動支援を続けてきている。

取り扱うテーマもこの10年で格段に広がり、日本の安全保障政策や沖縄米軍基地についてのプロジェクトの他、「アジア太平洋プロジェクト」では他国・地域の米軍や米軍基地の政策・変遷について調査・研究を行い、「地位協定の国際比較プロジェクト」では他国の米国との地位協定の改定・運用から日本が学ぶべき点をまとめた書籍を刊行し、核不拡散の観点から再処理や核燃サイクルについて研究する「日米原子力エネルギープロジェクト」も活発に他国研究者との関係を深めながら提言活動を続けている。中国との対話も重視し、中国を訪問して外交関係者との意見交換の機会をもったり、日中韓米4カ国の有識者で行う研究会を毎年開催したりもしている。

第三部では、この10年超の新外交イニシアティブによる「外交による戦争回避」の取り組みと今後の展望を紹介する。

（猿田佐世）

第1章　多様な日米外交を切り拓いて

■「ワシントン拡声器」

日本における米国の影響力はすさまじい。しかし、その影響力がどのように作られているか、考えてみたことはあるだろうか。

例えば、「アーミテージ報告書（戦略国際問題研究所〈ＣＳＩＳ〉発行）」と呼ばれる報告書がある。日本の安保関係者で知らない人はいない報告書であり、今までに第６次報告書まで発表され、常にメディアに大きく取り上げられてきた。米政府の文書ではなく、執筆陣10人前後の民間シンクタンクの報告書であるが、そこに書かれる日本向けの提言の多くが発表後３〜５年内に日本政府の手により実施されてきたことから、「日本外交・安保の教科書」とすら呼ばれる。

これを「米国からの外圧の象徴」と批判する人も多い。しかし、ワシントンで状況を観察すると、実体は「外圧」の要素だけでは説明できない。例えば、ＣＳＩＳには、日本政府や日本の大企業が毎年多額の寄付を行い、多くの研究員を送りこみ、日本政府関係者が同報告書の執筆陣との面談を繰り返して常に密に情報交換を行っている。この環境の中で同報告書は生まれ、日本に強大な影響力を与えている。

日本政府や大企業がなぜ多額の資金提供をするかといえば、自らが実現したい政策について、この「トラの威」ならぬ「ワシントンの威」を借り、「これがアメリカの見解だ」との体裁を整えることが日本国内での自らの政策実現への近道だからである。

アーミテージ報告書に限らず、ワシントンで生活をしていると、この「米国を利用して、日本での影響力を拡大する」ことが頻繁に行われていると実感することになる。私はこの「システム」を「ワシントン拡声器」と呼んできた。米国の名を使いながら、自らの影響力を日本の中で増していく。これができるのは、資金力があり、ワシントンにパイプのある者のみである。結果、限られた特定の日米の人々により日米外交チャンネルが独占され、日本の政策がその人々に大きく左右されることになる。日本における重要な外交に関する問題、例えば、沖縄の新基地建設でも安保政策でも原発政策でも、必ずしも日本社会における多数派の声とは一致しない政策が国の政策として実施され続けてきた理由の一つに、この強固な日米外交システムがある。（詳細は拙著『自発的対米従属―知られざる「ワシントン拡声器」』（角川新書）参照）

■沖縄の人口は2000人!?

このように、15年前、留学先の米首都ワシントンで、日米外交があまりにも民主主義的でなく日本に存在する多様な声を反映していないと痛感したことが、新外交イニシアティブ設立のきっかけとなった。当時、日本では民主党政権への政権交代があり、鳩山由紀夫首相の「最低でも県外」に勇気づけられた沖縄が、米海兵隊普天間基地の辺野古移設に反対して大きく盛り上がっていた。現状の日米関係を絶対に変えさせまいとの圧力をかける日本大使館、日本メディア、日本の財界などの動きをワシントンで感じ続ける日々の中、「総理大臣ですら自らの望む政策を進められないのか」「外交が民主主義の埒外《らちがい》にあっていいのか」との疑問を強く抱いた。

懸命に辺野古基地建設に反対する沖縄を見ながら、少しでも援護射撃ができればと、手探りで米議会での議員との面談を開始した。今までに米議会での面談を何百回行ったか数えきれないが、忘れもしない米議会面談第1回目は、米下院外交委員会のアジア太平洋・環境小委員会委員長との面談であった。その面談冒頭、委員長の口から「沖縄の人口は2000人くらいか」という発言が飛び出したことは、一生忘れないだろう。沖縄の基地問題が日米間の最大のテーマであり、その問題で日本の総理大臣が辞任するほどの事態だったその時に、米議会でその問題を管轄する小委員会の委員長が、沖縄の人口（当時約140万人）を2000人と言ってしまうほどの無理解。頭を殴られたかのような衝撃だった。もっとも、それにめげずに問題を必死に説明した結果、その面談の翌月、その委員長は私の求めに応じて日本に足を運び、「一番大切なのは沖縄県民の気持ちだ」との発言をしてくれたという成功体験にもつながった。

この担当委員長にそれまで外務省は何を説明してきたのか。日本政府にとって使い勝手の良い「知日派」といわれる限られた人たちとのやり取りだけが「日米外交」と称され、エコーチェンバー効果（SNS上で、自分と似た興味や価値観のユーザをフォローすることで、同じような情報ばかりが流れる閉じた環境）が極めて高い狭いサークルの中で物事がすべて決まってきたのではないか。そんな現実を強く認識することになった。

この外交を変えなければならない。

これが、新外交イニシアティブの活動の原点である。その後、米議会関係者らや米政権に影響力を持つ識者らとの面談を連続して行うようになり、「日本にある多様な声を外交に届ける」ことが私の人生テーマとなっていった。

■新基地建設の再考を求める

ワシントンで一人で動いているうちに、日本の何人もの方から米国に声を届けるのを手伝ってほしいとの連絡をいただくようになる。沖縄の基地問題については、稲嶺進名護市長（当時）の訪米の企画・同行、翁長雄志沖縄県知事（当時）の訪米に随行する「オール沖縄」訪米団の企画・同行を担当するなど、数多くの機会で政界を含む米社会に辺野古基地建設反対の声を伝えてきた。特に米議会には、沖縄は辺野古の基地建設に反対しているという印象を定着させることができただろう。

実際、2015年には米国の軍事予算法である「国防権限法案（2016年予算年度）」に「辺野古が唯一の選択肢」との条文が入っていたところを削除させることができ、2019年には、同法の上院案に「日米再編計画の再検証」を求める条文が入った。2020年に米下院軍事委員会即応力小委員会から辺野古基地建設についての懸念が示された時には、ついにここまできたか、あと一歩だ、と沖縄の方々と喜び合った。

ここ数年は、米中対立の激化を受け、「台湾有事となれば沖縄は再び戦場となる。絶対に戦争は起こさないでほしい」との点も訴え続けている。

なお、発がん性が指摘されるPFAS（有機フッ素化合物）を米軍基地が垂れ流している問題については日米議員での共同レターの取りまとめも担った（99頁のコラ

ワシントンの米連邦議会内にて、稲嶺進名護市長（当時）と玉城デニー衆議院議員（当時・現沖縄県知事）を案内する筆者（2014年）

ム参照）。

■使用済み核燃料再処理に制限を設けた

ワシントンでの取り組みを続けるうち徐々に取り組むテーマも広がり、沖縄米軍基地問題に加え、安保政策全般や核兵器、原発や使用済み核燃料再処理の問題などについても、米社会に訴える機会が増えていった。

再処理については、使用済み核燃料を再処理することにより核兵器の原料ともなるプルトニウムが膨大に日本に蓄積され、核拡散の危険を生じさせているという問題がある（詳細は第三部第4章参照）。この問題について、私たちは、2018年に日米原子力協定が満期を迎えることを好機と捉えてワシントンで働きかけを行った。17年から18年にかけて国会議員などとの訪米を続け、米連邦議会での面談を繰り返し、米議会において米議員から国務省高官への質問もしてもらった。また、連邦議会の議場やCSISでこの問題についてのシンポジウムも開催した。これらの取り組みはNHK「クローズアップ現代」にも取り上げられた。このような努力の結果、2018年7月、日本の原子力委員会は保有プルトニウム量の削減と、青森県の六ヶ所村再処理工場の稼働制限を決定した。この政策変更は、日本の原子力政策史上はじめての画期的な出来事であった。

■政界の日米外交パイプを広げる

常時、多くの国会議員・政治家の日米外交パイプの拡大にも尽力している。鳩山由紀夫元首相の首相引退後初の公式米国訪問を企画・同行し、ワシントン・ニューヨークを訪問、また、プリンストン大学での講演も実施した。立憲民主党の代表であった枝野幸男氏の訪米の企画運営を担当し、世界中から面談依頼の殺到するバーニー・サンダース上院議員との面談も実現した。コロナ禍でなかなか訪米が叶わない中、泉健太立憲民主党代表（当時）のワシントンのシンクタンクにおけるオンラインシンポも実施した。コロナ禍には、定例で、日本の国会議員と米議員や米専門家との面談をオンラインでセットし、互いの理解・関係を深める努力を続けた。

もっとも、面談を数年に一度行うだけでは人間関係の構築は

バーニー・サンダース上院議員と面談する枝野幸男立憲民主党代表（当時）（2018 年）

十分でない。具体的テーマについて共に動けるようにならなければならないとの考えに至り、日米のプログレッシブ議員連盟の協力体制を「制度化」して現在に至る（コラム参照）。

■日米の新しい外交を「制度化」する

２０２４年、米国の外交・安保コミュニティでは、「外交の制度化（Institutionalization）」という単語が大流行であった。「外交を制度化する」とは、首脳会談を一度やって終わり、ではなく、他の国との関係を定期的・継続的なものにし、安保環境や大統領が変わっても壊れない「制度」にするということを指す（第５章参照）。何でも壊しかねないトランプ大統領再選の可能性を恐れたバイデン政権が力を入れていたのがこの「外交の制度化」であり、バイデン政権は、中国囲い込みのために、日米韓、日米比、ＱＵＡＤ（日米豪印）といった準同盟枠組みを作り、これを制度化するために実に「懸命な努力」を続けていた。

私は、その「中国囲い込み」という方向性には疑問を持つものの、米政府のこの「外交の制度化」への熱心な姿勢は、他国との関係を向上させるために極めて有効な方法であると考えている。他国との関係を「制度化」することで、様々なテーマが両国の共通の課題となり、各国に担当スタッフが配置され、頻繁に連絡を取り合うことになり、政府間あるいは具体的政策を実施する過程で民間でも両国の関係が密になり、情報共有が一定進む。緊急対応・危機対応も容易になるし、戦争の機会費用も高くなる。

２０２４年2月、この「制度化」の重要性をワシントンでの講演会で私が語ったところ、参加していたマット・ダス氏（サンダース上院議員元外交担当補佐官）から、「あなたの言う通り、〝制度化〟が極めて重要だ。特に、米国とアジアの市民社会の制度化が欠けている」との会場発言を得た。

彼の発言を機に、自らの取り組みについての「制度化」を、私自身が強く意識するようになった。「制度化」は政府と政府の関係だけではなく、私たちのようなシンクタンクの取り組みでも重要である。

振り返れば、「制度化」という単語を意識していなくとも、ＮＤのこの10年の取り組みは制度化の試みの連続でもあった。当初、私は単発の面談をワシントンで繰り返していたが、その後、シンポジウムを開催したり、米国から日本に識者を招致したりするようになる。さらには、それを定期的に行うようになり、米国のカウンターパートと常時会議を行って、共に活動する方向を確認し合ったり、今では、年次の研究会を開催したりするようになっている。

「制度化」の最大の成功例はコラムにある日米のプログレッシブ議員連盟の取り組みである。また、例えば、ＮＤは、「憂慮する科学者同盟（Union of Concerned Scientists〈ＵＣＳ〉・約

10万人の会員を擁する科学者団体）」とはすでに10年近い関係を持ち、毎月会議を行うなどしながら二人三脚で取り組みを進めてきた。また、2019年にワシントンで設立され、米国による他国への介入に懸念を示すシンクタンク「クインシー研究所（Quincy Institute）」とも定期的に研究会を行っている。さらには、UCSや韓国のパートナー団体と共に、日米中韓4カ国の専門家による研究会「The East Asia Quadrilateral Dialogue（東アジア4カ国対話）」も毎年開催している。前記の発言を受け、マット・ダス氏のシンクタンクとも提携を開始した。他、逐一名前はあげないが、多くの米有識者やシンクタンクなどと、既に何年にも渡る定期的な意見交換やイベントへの登壇などを通じて、関係を深めている。

外国人特派員協会で「東アジア四カ国対話」の共同声明を発表する筆者（2023年）

■これから

日本では絶対的と思われがちな「米国」は、日本の中では常に軍事力拡大、米陣営強化の方向のみをもつ存在と理解されている。しかし、米国自らが再三強調するように、米国は民主主義国であり、国内に実に多様な価値観を内包している。それは外交においても例外ではない。軍事大国米国、覇権国米国。しかし、それでもなお私がワシントンに通うのをやめられないのは、米国という国の多様性とそのそれぞれの声の力強さに魅了されているからである。変化を起こそうと人々が常に活発に動き続け、動くことで実際にそこに変化が起こり、さらに新しい可能性が生まれていく。

現状を変えたいと動く彼らと繋がり、太平洋の両側から大きなうねりを作り、さらに他国へも広げていく。既存の外交を大きく変えていく可能性はそこにこそ広がっていると信じている。

（猿田佐世）

《コラム》

日米プログレッシブ議員連盟の連携

ＮＤの「新しい日米外交のパイプを切り拓く」取り組みの中心の一つが、日米プログレッシブ議員連盟の連携である。米議会プログレッシブ議員連盟（Congressional Progressive Caucus〈ＣＰＣ〉）は、１９９１年、バーニー・サンダース上院議員（当時は下院議員）によって設立され、今では１００人以上の下院議員が加入し、民主党の最大会派の一つとなっている（２０２４年10月時点）。その姉妹団体として、２０２０年６月に発足したのが、日本プログレッシブ議員連盟（Progressive Caucus Japan〈ＰＣＪ〉）である。同議連は政党の枠を超えてメンバーを募っており、約50名（２０２４年６月時点）の国会議員が加入している。ＮＤは同議員連盟の事務局としての役割を担うことで、日米プログレッシブ議員連盟間の連携を図ってきた。

日米のプログレッシブ議連の連携は、これまで主に共同書簡の提出という形で実現してきた。表４にある通り、同日米議連は、これまで共同で計３通の書簡を発出している。内容は、核兵器先制不使用、米軍基地周辺地域におけるPFAS汚染、外交強化による台湾有事の未然防止など、日米政府とその市民の声が必ずしも一致していない課題を取り上げており、共同書簡が市民の声を日米外交に届ける役割を果たしている。NDは、これらの共同書簡提出において、日本側議連の意見を集約した上で、米側議連と書簡の内容を取りまとめ、発表までの段取りを担当してきた。また、日本の議連メンバーの訪米時には米議連所属の議員と共通の関心テーマについて議論の場を設けるなど、両議員連盟に対して全面的にサポートをしている。

共同書簡という形で日米議員が多人数で連携して共に声を上げた例は知る限り過去になく、さらに連続した活動という意味でも類を見ない。これは日米外交の歴史において画期的な取り組みである。共同書簡発表時にはメディアに取り上げられ、日米政府経由の既存の外交パイプ

米プログレッシブ議員連盟所属の議員

以外の方法での日米外交の実践が可能であることを発信するきっかけにもなった。

なお、日本プログレッシブ議連発足がコロナ禍と重なったため、最初の1〜2年は両議連の連携に向けて表立った活動はできずにいた。しかしながら、NDのサポートによって、この間も両議連の議員のオンライン面談など、できる範囲での交流の機会が設けられた。そして、その交流の土台の上に、その後の共同書簡の発出が可能となっている。

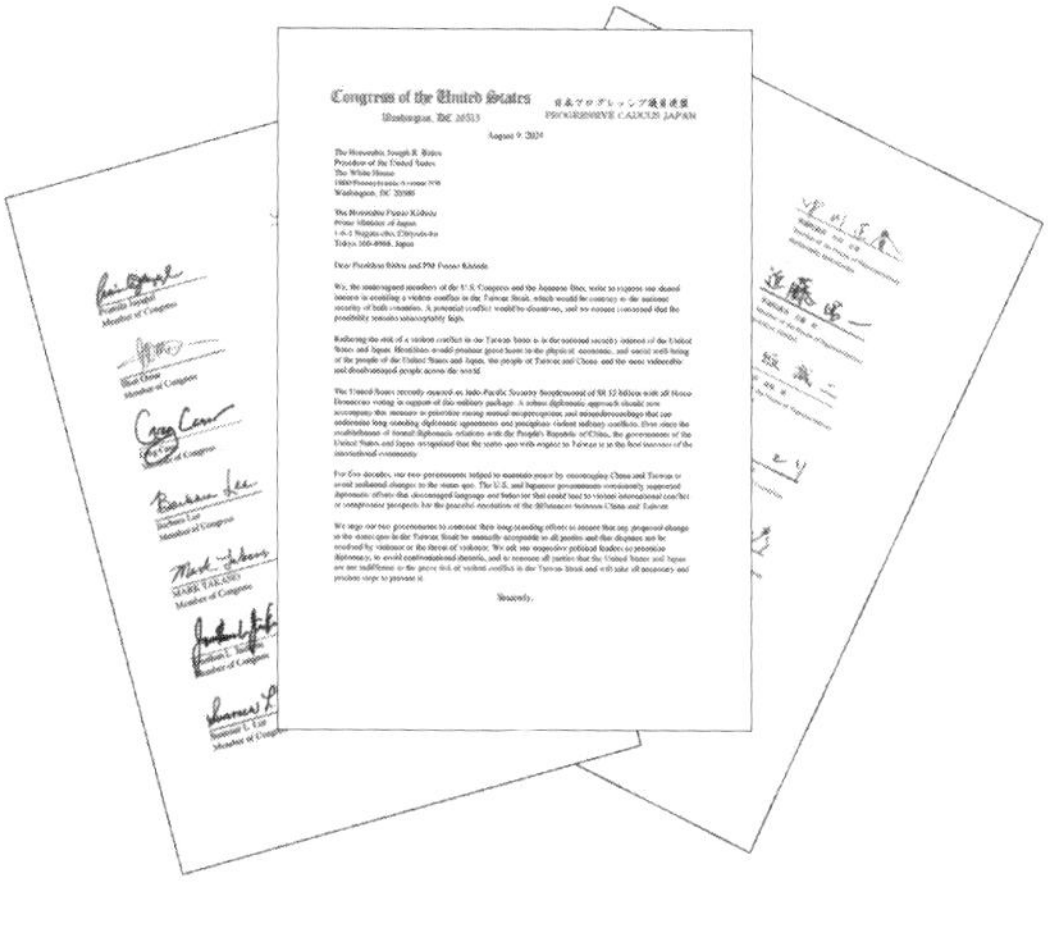

外交により台湾海峡の緊張緩和を求める共同書簡

こうして誕生した新たな日米の外交パイプであるが、今後さらに発展させていくことが重要である。2024年には、NDの仲介で沖縄県知事玉城デニー氏が、米議連の例会で、沖縄米軍基地問題の現状を報告している。解決すべき外交・安保上の問題は数多くあり、日米議連の協力体制がさらに拡充され、市民の声を日米外交に届ける役割を果たすことがますます期待される。NDでは今後とも両議連が様々な形で緊密に連携できるようサポートを行っていきたい。

（相川真穂）

表4　日米プログレッシブ議員連盟共同書簡一覧

年月	共同書簡名	日米著名数
2022年4月	米『核兵器先制不使用』宣言を支持する日米プログレッシブ議員連盟共同書簡	（米）35名、（日）39名
2022年12月	米PFAS規制を支持する日米議員共同書簡（プログレッシブ議員連盟のリードによる）	（米）14名、（日）43名
2024年8月	外交による台湾海峡の緊張緩和を求める日米プログレッシブ議員連盟共同書簡	（米）19名、（日）38名

第2章　米軍基地問題――沖縄の声を米国に伝えて

日米関係の歪みやその歪みに端を発した具体的な被害が、沖縄ほど多く長きにわたって深刻な形で生じ続けている場所は他にない。前述の通り、ND設立のきっかけとなったのは代表猿田の沖縄基地問題に関するワシントンでの働きかけであった。団体設立後も、NDでは「沖縄の声を米国に伝える」ことを取り組みの中心に置きながら、安全保障の観点から辺野古基地建設の問題を検証して政策提言を行うプロジェクトや沖縄への海外識者招致、日本全国に沖縄の実態を伝える沖縄県との事業、そして被害の解消を妨げる日米地位協定の改定に向けたプロジェクトなど、多岐にわたる活動を進めてきた。

■沖縄の声を国内外に伝える

沖縄の声を米国に伝える取り組みでは、ND自らのワシントンでの働きかけに加え、多くの方の訪米活動をサポートしてきた。例えば、前章でも触れた通り、稲嶺進名護市長、翁長雄志知事に随行する沖縄訪米団、また、鳩山由紀夫元首相や枝野幸男立憲民主党代表（いずれも当時）

などの訪米の企画・同行を担当し、あらゆる機会において辺野古新基地建設への懸念を伝えてきた。面談相手は、国務省・国防省の米政府関係者や米議会の議員はもとより、政策形成に影響を与えるシンクタンクの有識者やメディアなど多岐に及ぶ。議員の中には、辺野古基地建設に以前から反対し続けていると話す方や、軍事委員会や予算委員会など自らが所属する委員会でどのように動いたらよいか、というアドバイスを求め、実行に移してくれる方もいた。

また、NDでは故翁長雄志沖縄県知事が知事選に立候補する際に、沖縄県ワシントン事務所の設立を提案した。氏はこれを選挙公約に入れ、知事就任後の2015年、沖縄県ワシントン事務所が開設された。その後、翁長知事、玉城デニー知事は毎年のようにワシントンを訪問し、積極的に米国に沖縄の声を発信している。NDは、県ワシントン事務所と常時連絡を取り合いながら協力して取り組みを進めている。

国内の取り組みでは、NDは玉城デニー沖縄県知事が基地問題について情報発信を行う「トークキャラバン」などの事業を沖縄県から受託し、運営に携わっている。東京、名古屋、大阪など全国各地で講演やシンポジウムを開催し、知事や専門家、また故りゅうちぇる氏などの著名人に登壇いただき、日本全国へ発信を続けている。沖縄の方々から、NDは「新外交イニシアティブ」という名前だけれど、海外だけでなく沖縄と日本本土も繋いでくれているね、というお声がけをいただいた時には、取り組みの重要性を改めて痛感した。

■政策提言「今こそ辺野古に代わる選択を」

米国で辺野古基地問題について議論をする際には、沖縄の反対の声をしっかりと伝えるとともに、自らが米軍の運用についての知識をつけ、安全保障の論理からもそこに基地が建設されなくても問題がないことを説明すべく心掛けている。

普天間飛行場の移設先について、「辺野古が唯一の選択肢」と日本政府が言い続ける中、NDは独自に研究会を重ね、軍事・安全保障の視点を踏まえて、辺野古移設以外で普天間基地の閉鎖を実現する解決法を検討し、2014年には書籍『虚像の抑止力』(旬報社)を出版。続いて、研究の成果を手にワシントンを訪問し、米政府や米専門家と意見交換を重ねながらさらなる検証を行い、2017年、政策提言「今こそ辺野古に代わる選択を」を発表した。沖縄、東京でのシンポジウムの開催や、外国特派員協会(FCCJ)での記者会見などを通じて世論に訴え、外務省・防衛省や与野党の国会議員にも継続的な働きかけを行った。その後も、米海兵隊の運用実態や自衛隊の役割なども踏まえた研究を行い、書籍『辺野古問題をどう解決するか—新基地をつくらせないための提言』(岩波書店)も出版している。

2017年7月には政策提言の英語版を完成させてワシントンを再訪し、米政府・議会関係者や専門家へ説明に回った。ワシントンで行った提言発表のシンポジウムは、米国務省や国防総省のスタッフも参加し、立ち見が出るほど盛況だった。

日米両政府が2012年に合意したいわゆる「米軍再編見直し」によれば、沖縄の海兵隊の実戦部隊は多くが海外に移され、沖縄には2000人の31MEU（海外遠征隊）が残されるだけである。であれば、部隊を米国本国やアジア各地の訓練地をローテーションさせるなど他の方法で辺野古の新基地建設がなくとも海兵隊の任務は遂行可能である。加えて、ここ数年、米軍が想定する中国との戦闘のかたちが変わるにつれ、海兵隊に期待される任務は小規模な部隊が島嶼部を移動しながら遂行されるものと変化し、これらの変化からも辺野古新基地計画のように新しい大型基地を建設する必要性は年々低下してきている。こうした具体的な戦略的観点から、米議会、米政府を含む米国に対し、辺野古の基地は不要であると訴えている。

■米議会に与えた変化

このように、研究を重ねて提言を出し米議会に訴えるという取り組みを続けてきたが、この働きかけは米連邦議会の議員それぞれが持つ、人権の視点、環境の視点、あるいは、予算削減の視点、自分の州に基地を呼び寄せたいとの視点など、様々な価値観や利害と合致して、大きな成果を生んできた。

前章でも少し触れたが、2015年には米議会下院が通過させた国防権限法案に「辺野古が唯一の選択肢」との条文が入っていたために、沖縄の方々と働きかけたところ、最終的に成立した法案からこれを削除することができた。国防権限法は米国の軍事予算を決めるために毎年作成される法律である。米議会では、上下院で別の法案について審議を行うこととなっているが、19年には同法の上院案に「日米再編計画の再検証」を求める条文が入った。20年には、遂に、米議会下院軍事委員会の即応力小委から辺野古新基地建設予定地にある活断層などについての「懸念」が示された。いずれも成立した法律には入らなかったが、小委が懸念を示したことは極めて画期的である。現在はこの「懸念」も一つの梃子に、米議会・政府への働きかけを継続している。

■海外識者の招聘

沖縄への海外識者の招聘《しょうへい》も続けている。普天間基地・嘉手納基地などを視察すると、みな沖縄の重い基地負担を実感することとなる。自国で、あるいは、国際的なチャンネルを通じて沖縄の現実を広く発信してもらうことは沖縄の問題解決のために大変重要である。沖縄返還時に米国の交渉担当者であったモートン・ハルペリン氏（元米大統領特別補佐官）は、２０１４年に沖縄を訪れた際、辺野古の新基地建設について「沖縄返還を解決する以上に長い時間がかかっている。本当に異様なことだ」「辺野古に新基地を作る必要性は全くない。海兵隊の意義を抑止力だというのであれば、誰が何をするのを抑止するのか、必要性についてその正当性を問い直すことで、望む形での解決策が見つかるのではないか」「辺野古の海がいかに美しいか、そして海をこのまま保護したいという地域の想いを米国に伝えたい」との発言を残した。

ほかにも、平和学の泰斗《たいと》であるヨハン・ガルトゥング氏や、米レーガン政権において大統領特別補佐官を務めたダグ・バンドウ氏などを沖縄に招聘《しょうへい》し、彼らからは辺野古の計画を変更する提案がなされている。

辺野古の海を視察するモートン・ハルペリン氏（2015年）

■日米地位協定の改定に向けて

日本の米軍駐留における大きな問題の一つである日米地位協定についても取り組んできた。この協定は、米軍が日本国内の施設・区域を使用する際の米軍の取り扱いについて規定するもので、1960年に締結されて以降一度も改定されていない。同様の協定を米国と結ぶ各国の多くは改定を繰り返しながら問題に対処しているため（第3章参照）、NDでは他国の協定と比較しながら日米地位協定の問題点を検証し、改善の方向性を探るべく、調査を進めてきた。例えばドイツやイタリアでは、米軍には受入国の法令遵守の義務が課され、基地の外で事故が起きた場合は受入国が主導権を持って捜査にあたることが定められているほか、受入国が米軍基地内へ立ち入ることもでき、米軍の訓練についても受入国側の承認が必要となっている。これらはほんの一例だが、このどれもが日本には認められておらず、そもそも日本では米軍には国内法が適用されないことが「原則」とされている。

研究の成果として書籍『世界のなかの日米地位協定』（田畑書店・2023年）を出版し、周知を行いながら日米両政府への働きかけも行っている。沖縄県から受託した事業（2023－24年度）では、県が行った海外事例の比較調査の報告書の編集も行い、イタリアの元NAT

O軍司令官、フィリピンの元国防大臣を登壇者に招いてのシンポジウムも開催した。
地位協定への関心が高まる中、２０２４年に就任した石破茂首相は、その政治信念として地位協定の改定を挙げている。容易でないのは承知しているが、この機会に、８割以上の国民に支持される地位協定改定の実現にむけてさらに尽力していきたい。

（巖谷陽次郎）

第3章　アジア太平洋の安全保障
――グアム・フィリピン・韓国の現地調査報告

アジア太平洋の国・地域は、米中対立という現実の中で安全保障を考えざるをえない。日本は「日米一体化」に向けて邁進《まいしん》しているが、諸外国に目を向けると、米国との外交の在り方や米軍基地に関する取り決めは、よほど多様で柔軟であることに気づかされる。NDでは、日本の米軍基地や安全保障政策をめぐる問題について、広い視点から検討を行い、解決の糸口を探るべく、米軍駐留を経験したアジア太平洋の諸外国の事例を研究している。

ここでは、これまでに現地を訪問して調査を行った、在沖海兵隊の一部が移設される予定となっているグアムや、米国との相互防衛条約を維持しながらも米軍撤退を実現したフィリピン、地位協定の改定や基地削減を成し遂げてきた韓国の事例を紹介する。

《第1節》グアム（現地調査：2017年3月）

淡路島と同程度の大きさであるグアムには、約17万人が暮らしている（2024年）。米国の「非編入領土（unincorporated territory）」とされ、米連邦議会に下院議員1人を送ることができるが、本会議での投票権は認められていない。また、グアムの人々は大統領選挙での投票権も持たない。現地インタビューでは、グアムは米軍基地以外の点で米国本土の関心を得ることができないために、基地を受け入れる姿勢を示すことによりワシントンで存在感を出そうとしてきた、という話も聞かれた。それでも、グアムの先住民であり、人口構成比では最大の3割強を占めるチャモロの人々を中心に、脱植民地化の取り組みと連帯して、反基地の運動が続けられている。

米国の最西端に位置するグアムは、米軍の議論においては「槍の先端」と呼ばれ、太平洋における前線基地と位置づけられてきた。グアム島の約3分の1が米国防総省の所有地となっており、グアム海軍基地や、沖縄の嘉手納空軍飛行場の約4倍の大きさのあるアンダーセン空軍基地が置かれ、2023年1月には海兵隊基地

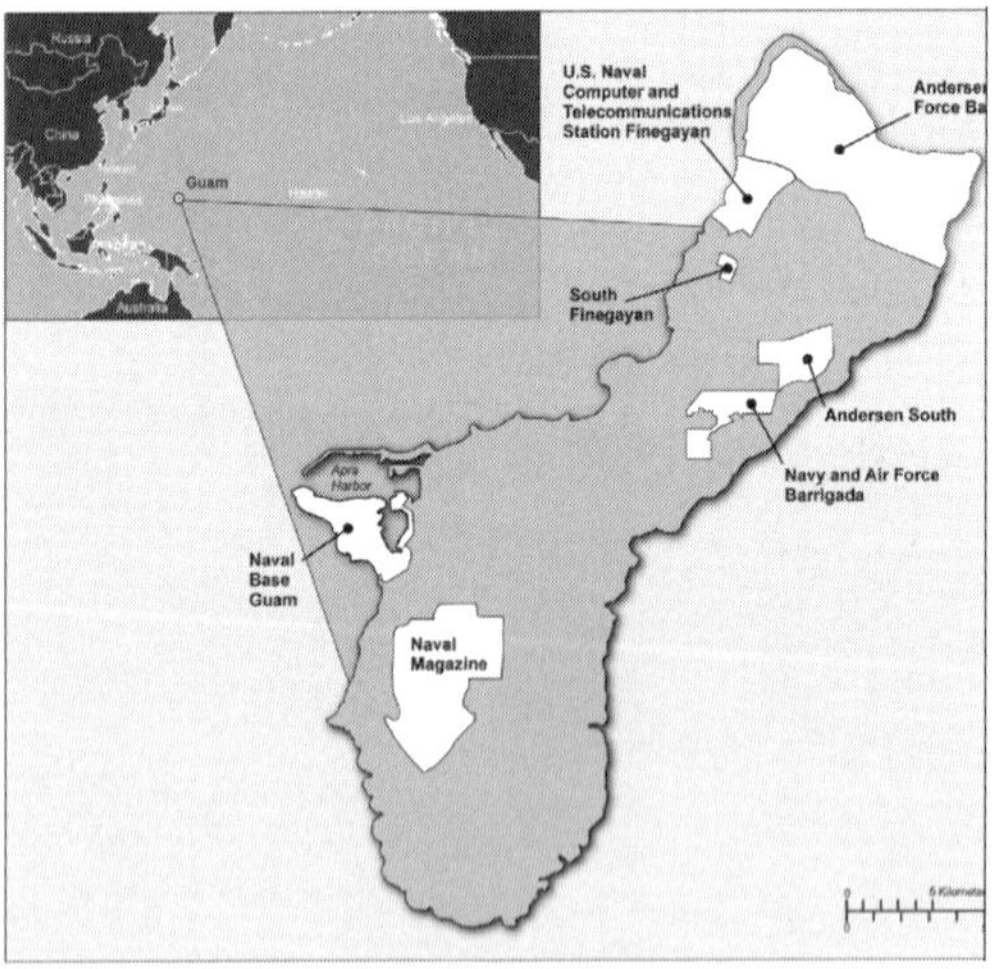

グアムにおける米軍基地（米国防総省 HP より）

キャンプ・ブラズが正式に開設された。

この海兵隊の基地は、沖縄から移転する米兵を収容するために日米共同で建設されている。2006年、日米両政府は「再編実施のための日米のロードマップ」を発表。当初は司令部を中心とした海兵隊員約8000人と、その家族約9000人を沖縄からグアムへ移転するとしていた。

この計画が公表されると、グアムでは米本土の人々をも巻き込む大規模な反対運動が起こった。その背景には、わずか数年で島の人口が1・5倍に膨れ上がり、水や電力など様々なインフラ不足が懸念されることや、先住民のチャモロ人にとって神聖な土地「パガット」に射撃訓練場の建設が予定されていることなどがあった。反対運動は米国の財政難への対応などとも連動して、ワシントンの政治を動かしていくこととなる。そして米連邦議会において、有力な上院議員たちが、当時の米軍再編計画を「非現実的・実行不可能かつ財政的に負担困難」とプラン変更を求めるに至った。

2012年、米軍再編の見直しがなされ、移転計画は大きく変更された。移転する海兵隊員は、実戦部隊中心の約4000人に縮減した。家族同伴が多い司令部に代わり単身でやってくる者の多い実戦部隊の移転となったために、グアムにおける海兵隊員の移転に伴う人口増（海兵隊の家族や建築業者なども含む）も当初の約8分の1（ピーク時）にまで減るとされた。射撃訓練場の設置場所も、チャモロの聖地からグアム北部のアンダーセン空軍基地内へと変更された。グアムの人々の訴えがおおむね反映される計画になったのだ。この計画変更について、グアム議会議員に「反対運動が米軍再編を変えたのですか?」と尋ねたところ、「私たちはそう思っている。彼ら(執筆者注:米政府のこと)は決してそうは認めないが」との答えが返ってきた。

現地調査では、グアム議会議員のほか、グアム政府高官、大学教授、商工会議所幹部、建設業界関係者、市民団体、弁護士などに幅広くインタビューを行った。

計画の変更後は、米軍基地への反対運動もある程度は収束したとされる。この背景には、グアムにおける米軍基地の存在の大きさがある。グアムは観光以外の産業が十分でないことや、米国が「日本からの自由解放者」として愛国教育を行っていることも影響し、人口当たりの従軍率が米国のどこの州よりも高いという。ひいては、米軍基地に関連する仕事に就いている人の割合が高く、多くの人にとって基地は生活と密接に結びついているのだ。そのため、計画変更に至る反対運動についても、あくまで海兵隊移転による「基地増強(military buildup)」への反対であって、基地や軍隊そのものへの反対ではなかった、という声も多く聞いた。

もっとも、チャモロ人を中心とした脱植民地化の取り組みをする人々は、計画の変更後も運動を継続している。例えば設置場所が変更された射撃訓練場について、グアム大学のマイケル・ベバクワ教授は、安全性や自然環境への悪影響などがあることを指摘する。というのも、射撃訓練によるグアム島への悪影響はもとより、弾丸の射出される方向、つまり訓練場の北側に広がるリティディアン地区は、絶滅危惧種やグアム固有種の動植物が生息しているほか、先史時代の陶器なども遺《のこ》っており、弾が落ちた場合の悪影響は計り知れないという。

なお、基地と暮らしをめぐり、利害関係者とそうでない者との意見の対立も見られた。例えば、グアム商工会議所会頭は、米軍増強により人口や税収が増え、経済が良くなるとの見通しを示した。不動産に関して、地元住民よりも米軍人に貸したほうが、家賃が高く、回転も早いという話であった。

しかし、これを反対の視点から見れば、地元住民が家を借りづらくなるということでもある。またグアムは、もともとインフラが脆弱《ぜいじゃく》である。電力は民間が供給するもので足りているが、上水道については、民間供給分では足りず、グアム水道局が海軍から購入している。このような状況がさらに悪化することへの不安が、地元住民から聞かれた。

グアム政府高官は、「軍隊は増えたり減ったりするから、増えたらどうなる、減ったらどうなるということではない。我々はもう慣れているので、そのダイナミックの中でうまくコントロールするのだ」と述べていた。一方、沖縄の事情にも詳しい学者の方からは、「沖縄であれば、基地を置く前提として条約が必要で、米政府は日本政府と交渉をする必要がある。しかしグアムに基地をおく場合には、条約も交渉も、何も必要がない」と指摘し、「非編入領土」として米国の一部に組み込まれ、主権を制限され続けるグアムの苦悩を伝えてくれた。

このように、現地調査では、米軍増強に対する賛否両面からの意見を聞くとともに、再編計画の変更を実現した経緯や、日本とは異なる課題も聞くことができた。調査の成果は「グアムにおける米軍増強―沖縄基地問題の検証を経て考える―」という報告書にまとめた上、2017年11月に視察報告会を開催した。

なお2024年現在、再編計画は実行段階にあり、計画されている沖縄海兵隊のグアムへの移転は2028年ごろまでに完了すると見込まれている。


（島村海利）

《第2節》フィリピン（現地調査：2018年3月）

フィリピンは米国の同盟国であるが、1992年、国内のすべての米軍基地を撤退させており、2024年現在もフィリピン国内に米軍基地は一つも存在しない。日本同様、中国と海を隔てて国境を接し、中国との領土問題を抱えるフィリピンで、安全保障はどのように図られているのか。

第二次世界大戦前の植民地時代からフィリピンに置かれ続けていた米軍基地は、1946年にフィリピンが独立してもなお、1947年に結ばれた軍事基地協定により維持された。基地は広大で、現在東アジア最大の嘉手納空軍基地と比べると、スービック海軍基地はその約7倍、クラーク空軍基地はなんと約27倍にまで及んだ（現在の嘉手納飛行場と、1979年以前のスービック、クラーク両基地の陸地面積との比較）。

1986年、独裁政治を行ったマルコス大統領が「ピープル・パワー革命（エドゥサ革命）」により失脚させられた後、1987年に国民投票で投票総数の78％の賛成を得て承認され発効したフィリピンの新憲法は、米軍基地の存続に厳しい条件を課した。それは、1991年に基地協定が期限切れとなった後には、新たな条約が上院議員の3分の2以上の賛成により正式に承認されない限り、外国軍の基地を置くことは許されないというものであった。

1991年6月、クラーク空軍基地に近いピナツボ火山が噴火し、米軍の調査により同基地は事実上使用不可能であることが明らかとなった。両国政府は7月、スービック海軍基地のみ使用を延長することなどを明記した共同声明を発表し、その翌月、憲法の要請により新たに「比米友好協力安全保障条約」が調印された。

ところが、これに対してフィリピン上院の本会議では、否決に必要な3分の1どころか過半数の反対票（反対12、賛成11）をもって、条約締結の拒否を決議した。これを受け1992年11月、米軍基地はフィリピンから完全に撤退することとなった。革命後に初めて選出された上院議員たちが、フィリピンの独立や主権の獲得のために基地撤去を訴えたのだ。独裁政権を打倒した運動や、その結実としての新憲法の存在が、米軍基地撤退を実現させたのである。

その後、中国との南シナ海での領有権争いが激しくなるにつれ、1998年に米軍のフィリピンへの一時的な訪問を認める「訪問米軍地位協定（VFA）」が、2014年には、米軍によるフィリピン軍基地の限定的な使用を可能とする「防衛協力強化協定（EDCA）」が締結された。なお、日本では米軍の「再駐留」との報道もなされたが、これらの動きは、米軍の常時駐留を許すものでも、米軍基地の建設を認めるものでもないことに注意が必要である。

現地調査では、基地撤退を決議したフィリピンの元上院議員、現役の大統領顧問や下院議員、基地跡地開発の所管庁や公社、海上保安庁関係者、市民団体などにインタビューを行った。共通していたのは、米国・中国いずれの国との関係も重要であるとの考え方であった。フィリピンは米国の同盟国であるのみならず、米国の統治下にあった時代が長いことから、独立後も英語が公用語とされるなど、中国よりも米国の影響を強く受けている。しかし、大国中国と戦うことは現実的ではないし、再び米軍基地を置くことも考えられないという、バランスを重要視する姿勢が、インタビューを行ったほぼ全ての人から感じられた。

もちろんテーマに応じて意見が分かれていることもあった。米軍の一時訪問やフィリピン軍基地内の利用については、基地が置かれていた当時と違ってフィリピンの権限で制御ができているという声もあれば、米軍の再来によって事故や犯罪が起こりうるし、基地設置の足掛かりにもなってしまうという反対意見も聞かれた。米軍の基地跡地開発に関するインタビューでは、開発を担う人々はクラークやスービックがフィリピン経済成長を牽引しているとの自負が述べられる一方、市民団体からは、環境汚染の問題がなおざりにされているといった指摘や、先住民も含め土地の権利が誰に所在するのか、十分に検証を行わないまま不当に開発が進められているのではないか、との提起もなされた。

意見は違えども、その根底には、主権に基づき「ピープル・パワー革命」を成し遂げた国らしく、自分たちの力で現状を変えていく、という確固たる意志の強さがある。

なお、2022年には、ボンボン・マルコス氏が大統領に就任した。氏は「親米傀儡政権」と揶揄されながら独裁を敷いていたフェルディナンド・マルコス元大統領の息子である。マルコスJr.大統領は、EDCAにより米軍が使用できる比軍

フィリピンの大統領顧問補佐官、カルミナ・アクナ氏へのインタビュー（2018年）

基地を5カ所から9カ所に増加させたり、日本と準同盟関係を結んだ上で日米比の三カ国協力を強化したりするなど、対中強硬姿勢を強めている。もっとも、マルコス氏は、フィリピンの基地を米軍が攻撃のために使うことは認めないと発言し、また、台湾有事にフィリピンは関わらないことも明言している。

基地撤退に至る経緯の詳細や、撤退後の米中対立下における「バランス外交」については、本調査をまとめた書籍『米中の狭間を生き抜く―対米従属に縛られないフィリピンの安全保障とは』（かもがわ出版）をお読みいただきたい。

（島村海利）

《第3節》韓国（現地調査：2023年3月）

大韓民国（以下「韓国」という）と朝鮮民主主義人民共和国（以下「北朝鮮」という）の休戦協定の締結から、既に70年以上が経過した。

韓国は多くの点で日本と共通した状況にある。例えば、日本も韓国も中国の間近に位置し、米国の同盟国として大規模な米軍基地を抱えている。また、米国との地位協定に基づき駐留米軍の地位などが定められており、駐留米軍人に対する刑事裁判権の帰属や米軍基地に起因する環境汚染などが常に問題になっているという点でも共通している。

他方、韓国は、日本では実現できていない地位協定の改定を二度行い、在韓米軍の大規模な削減も実現している。

韓国は、どのように米軍と向き合ってきたのか。NDのアジア太平洋プロジェクトは、韓国において現地調査を実施し、国会議員や元大統領補佐官、国立外交院やシンクタンクの研究員、大学教授、弁護士、市民団体代表等、約20名の方にインタビューを行った。

■「グローバル中枢国家」を目指す韓国

奇しくも、私たちが韓国を訪問したのは、約12年ぶりに日韓2国間のシャトル外交が再開し、首脳会談が行われた直後であった。3月初め、「グローバル中枢国家」を掲げる尹錫悦《ユンソンニョル》大統領が、日韓関係の正常化を目指し、元徴用工訴訟問題に関して賠償金相当額を韓国側が肩代わりする「解決策」を発表しており、それを受けて、日韓の首脳会議が行われたのである。

韓国に着いてすぐに耳にしたのは、この「解決策」への強い反発であった。最大野党「共に民主党」が「正義を否定し、日本に屈服する道を選んだ」と批判し、市民団体による反対デモが行われていたのも目にした。韓国政府が半ば強引に日本との関係を改善し、韓米日の3カ国協力を強めようとしている中、韓国の外交・安全保障政策の在り方について、多くの識者から率直な意見を伺うことができた。

調査を通じて特に印象的だったのは、「台湾有事」に対する日韓の関心の高さの違いである。朝鮮戦争の終結が見通せない中、在韓米軍は陸軍が大半を占めており、基本的な駐留目的は北朝鮮に対するものであり、韓国としては在韓米軍についても韓国軍についても、台湾が関与すべき対象とは捉えられていないようだった。むしろ韓国の有識者たちは、日本が韓国最大の貿易相手国である中国を刺激することにより、日米中の対立が激化し、これに巻き込まれることを危惧していた。もっとも、調査を行った翌月に発表された「米韓同盟70周年記念共同声明」では、米韓同盟のインド太平洋全域での協力の拡大や、台湾海峡における平和と安定を維持することなどが謳われていた。米国との同盟を強化する尹政権の下で、韓国の安全保障は朝鮮半島域外に拡大しつつある。

■地位協定の改定

韓国は1966年に在韓米軍地位協定を締結して以降、二度の改正を行っている。当初の協定には、合意議事録により両国が同意しない限り韓国は第一次裁判権を放棄する規定が設けられるなど、韓国にとって極めて不平等な内容であった。66年当時、韓国では軍事独裁が敷かれていたが、国民的な民主化運動を経て、87年6月の民主化宣言により独裁からの脱却を果たした。そして盧泰愚《ノテウ》政権の下で米国との改定交渉が行われた結果、91年の改定でこの規定が削除され、韓国が第一次裁判権を有する犯罪の範囲が拡大された。

その後も米兵による犯罪が続いたことから、地位協定改正に向けた運動は韓国全土に広がっていく。代表的なものに、改定に向けた啓発を行う「米兵による犯罪を撲滅するための全国キャンペーン」（１９９２年〜）、地位協定に限らず権力監視と政策提言を行う「参与連帯」（94年〜）、多くの市民団体による連合組織「ＳＯＦＡ改正国民行動の会（ＰＡＲ－ＳＯＦＡ）」（99年〜）などがある。こうした市民運動の後押しを受け、民主化のリーダーでもあった金大中《キムデジュン》氏が98年の大統領選を制した。

金大中大統領は就任直後から地位協定の改定交渉に臨み、２００１年1月、韓米政府は二度目の地位協定の改定に署名した。協定本文の改定は刑事裁判権（第22条第5項）に限られたものの、合意議事録の改正に加えて了解事項、了解覚書、特別了解覚書等の付属文書が新たに作られ、民事訴訟や環境保護など大きく6点の改定が行われた。刑事裁判については、従来は裁判終結後とされていた被疑者の身柄引き渡し時期が、12種の重大犯罪については起訴時に改められ、起訴前の引き渡しについても米側が好意的考慮を払うこととされた。

■米軍基地の削減

さらに韓国は米軍基地の大幅な削減を進めてもいる。現在まで続く在韓米軍基地の返還計画の端緒は、２００2年3月に韓米政府によって締結された韓米連合土地管理計画（LPP: Land Partnership Plan）であるが、同年6月、在韓米軍の再編を加速化させる事件が起きる。韓国京畿道楊州郡（当時）の公道を歩いていた2人の女子中学生が、後方から走ってきた在韓米軍の装甲回収車に轢《ひ》かれ、命を落としたのである。さらにあろうことか、米軍事法廷において裁判を受けた米兵被告2名には、無罪評決が下された。これに対し、韓国で米軍への怒りが爆発した。この事件は、地位協定の再改定はもとより、在韓米軍の撤退をも求める運動へと広がり、同年12月14日には、約10万人もの市民がろうそくを手にソウル市庁舎前に集まった。折しもこの時、韓国では大統領選挙が行われており、12月19日が投票日であった。「私は米国にひれ伏すつもりはない」と訴えた盧武鉉《ノムヒョン》氏が選挙を制し、２００3年2月の大統領就任直後から米軍再編協議に臨んでいった。韓米両国は同年4月、韓米同盟のあり方や、在韓米軍の再配置について継続的な協議を行うべく「未来の韓米同盟政策構想（FOTA: Future of the ROK-US

Alliance Policy Initiative)」協議を開始した。
その後２００４年９月までの間、両国は計12回に及ぶＦＯＴＡでの協議において、ＬＰＰの改定計画や、龍山《ヨンサン》基地移転計画（YRP: Yongsan Relocation Plan）に署名した。最終的に韓国の米軍再編計画は、ソウル中心部に位置する龍山基地の移転・返還及び北朝鮮と接する前線地帯である京畿道北部に分散配置されている在韓米軍第二歩兵師団の移転などを含め、計80カ所の基地を返還すると決定された。

そして、２０２４年10月現在、80カ所あった返還予定基地の少なくとも68カ所は既に返還され、兵員数も２万８５００名まで縮減されている。ソウル中心部の龍山基地については部分的に返還が進められており、３割以上の返還が完了した。

このように韓国は、日本と同様、米国の同盟国として米軍基地を抱えながらも、地位協定の改定や米軍基地の大幅な削減を実現してきている。日本と比

盧武鉉市民センターで、同センター長の河勝彰氏とND調査団一行（2023年）

べて主体的な外交を行っているといえるが、その背景には、市民による積極的な政治参加が影響していることは疑いようがない。

さらに、政権交代を繰り返してきた韓国では、与党・野党いずれの側においても、市民の声を政治に反映させる仕組みが機能しているように見られた。

なお、韓国を訪れた際にお会いしたキム・ジュンヒョン氏（文在寅政権時の国立外交院院長）とは、地政学的競争の激化に対する懸念を共有し、その後キム氏が代表を務める外交シンクタンク「コリア外交プラザ（Korea Diplomacy Plaza KDP）」とＮＤの連携を深めることとなった。

２０２３年10月には、米国の「憂慮する科学者同盟（Union of Concerned Scientists UCS）」と３団体の共催で、東京で国際研究会「東アジア四カ国対話 The East Asia Quadrilateral Dialogue 2023」を開催。３団体による共同声明の発表と、外国特派員協会（ＦＣＣＪ）での記者会見を行った。この研究会は毎年の開催を予定しており、第２回は２０２４年12月ソウルで開催された。

（三宅千晶・巖谷陽次郎）

第4章　核燃料サイクル・再処理・核拡散

《第1節》日米の核エネルギー政策を問う

日米原子力エネルギープロジェクト（以下、本プロジェクトと略す）は、その名称が示すように、日本と米国、そして「日米間」の原子力動向について、核拡散に批判的な立場から、調査・研究、日米両政府・議員への働きかけ、イベント開催、日英両言語でのポリシー・ブリーフや解説動画の発信などに取り組んでいる。米国に着目するのは、日本は米国との協定を通じて原子力を導入して以来、同国の影響を強く受けてきたことによる。

これまで本プロジェクトが取り上げてきたイシューは、核燃料サイクル政策、再処理・プルトニウム問題、日米原子力協定、高速増殖炉を含む「革新炉」、使用済核燃料の中間貯蔵など多岐にわたる。それらのうち、ここでは六ケ所再処理工場、及び日米が進める「革新炉」開発を中心に、私たちの問題意識をかいつまんで述べる。具体的な取り組みについては、第2節と第3節を参照されたい。

■六ヶ所再処理工場とプルトニウム余剰

日本の原子力政策は「核燃料サイクル」が回ることを前提に組み立てられている。その要となるのが再処理だ。しかし青森県に建設中の六ヶ所再処理工場は、着工から30年以上が経過してもなお、相次ぐトラブルと技術の未熟さのために、竣工延期が繰り返されている。当初の予定では1997年に完成するはずだった。

とはいえ、この遅延はプルトニウムの消費先が定かでない日本にとって好都合といえなくもない。2023年末現在、日本は国内外に44・5トンものプルトニウムを抱えている。プルトニウムは核兵器の材料ともなり、これは核弾頭5000発以上に相当する。それに加え、年8トンのプルトニウム抽出能力をもつ六ヶ所再処理工場が操業するともなれば、世界は日本への警戒と批判の目を強めるだろう。

先行きが不透明な青森県の六ヶ所再処理工場
（2019 年撮影）

実際、2018年の日米原子力協定改定を前に、米側は余剰プルトニウム対策を求め、日本政府は「現時点の水準を超えることなく、削減していく」との方針を打ち出した。これは日本の再処理に載せられた重石であり、第2節で述べるように、日本側がこうした制約を受け入れざるを得なかった背景には、NDをはじめプルトニウムの核拡散リスクを憂慮する日米関係者の行動があった。

その六ヶ所再処理工場だが、事業者である日本原燃は2024年8月、27回目の竣工延期を明らかにし、26年度中の完成を目指すとした。しかし、たとえ運転を開始したとしても、先の方針に従えば、在庫プルトニウムの消費分に見合う量しか再処理できない。プルトニウムの割合が高いMOX（プルトニウム・ウラン混合）燃料を使う高速増殖炉「もんじゅ」はナトリウム火災事故などのために廃炉となり、既設軽水炉によるMOX燃料消費も微々たる量にとどまっている。近い将来、プルトニウム在庫量が大幅に減少する見込みは乏しい。つまり六ヶ所再処理工場が処理できる使用済核燃料は、かなりの期間、わずかな量に制限されるのである。

同工場内の冷却プールは既に満杯なので、再処理が進まなければ新たに使用済核燃料を運び入れることはできない。一方、各地の原発も冷却プールの空き容量が切迫しており、原子炉の運転停止が迫りつつある。そこで再処理が軌道に乗るまで（それが、いつになるか定かではないが）使用済核燃料をどこかで保管しよう——それが中間貯蔵だ。その目的は原子力発電の継続と、核燃料サイクルの破綻を覆い隠すことにある。中間貯蔵問題については、第3節に詳しい。

■合理性を欠く核燃料サイクル政策

再処理工場は原発とは比べものにならない高レベル、かつ大量の放射能を日常的に扱うだけでなく、厳重な管理が求められるプルトニウムを保管するため、桁違いのコストがかかる。国の「使用済燃料再処理・廃炉推進機構」によれば、再処理工場と、同工場とセットとなるMOX燃料工場の総事業費は２０２４年６月時点で約17兆５０００億円に上るという。04年時点での見積もりは約13兆円だったが、それ以降、コストは膨張し続けている。また、人件費や警備費、核物質の管理費といった維持費に、操業していなくとも年間１１００億円がかかると報じられている。これらのコストを負担してきたのは、そして世代を超えて負担し続けるのは、私たち電力消費者だ。既に電気料金に含まれているが、再エネ賦課金と違って可視化されていないだけである。

海外に目を転じると、米国、ドイツ、ベルギーは再処理から撤退。英国も採算が取れないことから工場を閉鎖した。再処理を続けているのは、フランス、ロシア、中国（小型パイロットプラント）の３カ国のみである。以上は民生用だが、インド、パキスタン、イスラエル、北朝鮮は小規模の軍事用再処理施設を所有している。今日、再処理技術を保持している国々は、事実上を含む「核兵器国」だ。「非核兵器国」で再処理を追求しているのは日本だけである。

以上からわかるように、原子力発電を利用している国々のほとんどが、核拡散や経済合理性の観点から、使用済核燃料は再処理せず「廃棄物」として直接処分する路線を選択している。日本政府も直接処分のほうが安いと認めているものの、「政策変更コストがかかる」との理屈をこじつけ、従来の方針を見直そうとしない。これでは政策の誤謬の上塗りである。日本はなぜ、合理性を欠く核燃料サイクル政策に拘泥《こうでい》するのだろう。日本政府は六ヶ所再処理工場の本格稼働を承認する前に、再処理の妥当性について、透明性のある開かれた討議を行うべきである。

■日米が進める「革新炉」開発

2023年1月、日本と米国は「革新炉」の開発と建設で連携していくとともに、第三国への輸出などでも協力していくとの共同声明を発表した。

米国は「アトムズ・フォア・ピース」(Atoms for Peace)の旗印の下、米国製軽水炉を日本など多くの国々へ輸出した。それらが近々寿命を迎えるのを見越し、今度は「原子力ルネサンス」を掲げ、大型軽水炉を各国に売り込もうとしたが、福島第一原発事故でその目論見《もくろみ》は潰《つい》えた。そこで原子力開発初期に考案されるも、経済性や技術的困難さのために商業化が見送られてきた様々なタイプの原子炉を、「次世代原子炉」とか「革新炉」と銘打って、米国内だけでなく世界に普及させようとしている。その狙いは自国の原子力産業の維持と、中国とロシアが原子力分野で主導権を握るのを阻むことにある。

「革新炉」のうち、米国政府が多額の補助金を提供し後押ししているのが、高速炉と小型モジュール炉（Small Modular Reactor: SMR）だ。日本はそれらの開発と輸出に深くコミットしている。詳細は第3節に譲ろう。

では「革新炉」は軽水炉よりも優れているのだろうか。スタンフォード大学を中心とする研究チームは、「革新炉」は安全性に問題があるだけでなく、使用済核燃料の処分をより一層困難にすると指摘している。核拡散リスクも看過できない。米国で開発中の高速炉「Natrium」やSMRの燃料には、高純度低濃縮ウラン（High-Assay Low-Enriched Uranium：HELAU）が使用される。一般的な軽水炉に装荷されるウラン燃料は濃縮度が3～5％程度だが、HALEUは20％弱にのぼる。核兵器の材料になるのは濃縮度20％以上の高濃縮ウランとされるが、米国の実験では10～12％でも大振りの核爆弾製造が可能という。HALEUを使う「革新炉」の輸出は核拡散を助長しかねず、地域と世界の安全保障に重大なリスクをもたらすだろう。

「革新炉」は実証的な裏付けが不十分なまま、その虚像が独り歩きしている。本プロジェクトでは日米が共同で進める「革新炉」開発の実態を調査・研究し、それらが市場に投入される前に、国内外の関係者と協力しながら問題提起していきたい。

（鈴木真奈美）

《第2節》２０１５～18年米国における取り組み――日本のプルトニウム「余剰」に警鐘

２０１５年6月、本プロジェクトメンバーは鈴木達治郎氏（長崎大学教授、元内閣府原子力委員会委員長代理）とともに米国ワシントンＤＣおよびボストンで調査を実施した。目的は米国の原子力政策や原子力と安全保障の関係、原子力政策に関する日米外交チャンネルや日米原子力協定の改定交渉などについて資料・情報を収集するとともに、日本の原子力政策に米国がどのような形で影響を及ぼしているのかを明らかにすることにあった。実施したインタビューは、米国の原子力専門家、元政府関係者、日米関係の専門家など20件に上る。

■米国の原子力事情

２０１５年当時、米国では原子力発電は経済的に採算が合わず、将来性のないエネルギーとみなされていた。1979年に発生したスリーマイル島原発事故をきっかけに、米原子力規制委員会は原発の安全規制を強化した。それにより80年代以降、原発の安全性は向上したが、だからといって原子力や再処理に対する米国の慎重な姿勢が大きく変わることはなかった。2000年代にはジョージ・W・ブッシュ政権が地球温暖化対策の一環として原発の新設や増設を推進したが、より発電コストの低いシェールガスや風力エネルギーの普及により、原子力発電の展望は厳しくなっていったのである。

インタビューでは、原子力に批判的な研究者だけでなく、原子力産業などの連合体である原子力協会(NEI)や元政府関係者も、米国の原子力発電政策は経済的な要因に大きく左右され、原発基数は減る一方だろうとの見解でほぼ一致していた。

■米国が危惧する核拡散リスク

原子力発電の問題と核兵器の問題は、日本では分けて論じられることが多いが、米国では原子力発電、特に再処理は安全保障の問題として捉えられている。

第1節にある通り、日本は「核燃料サイクル」の確立を政策としている。その前提は、取り出されたプルトニウムを利用する原子炉が稼働していることである。さもなければ、再処理の意図は発電用ではなくなる。

２０１１年の福島原発事故を受けて、その翌年、当時の民主党政権は「２０３０年代に原発ゼロ」政策を打ち出すと同時に、再処理の継続も方針に掲げた。原子力発電を止めるのであれば、冷却プールに貯蔵されている大量の使用済核燃料からプルトニウムを取り出し、いったい何に利用するというのか――。

訪米中、ジャーナリストや元政府関係者から「日本は核兵器を選択肢として考えているのか」と問われた。米エネルギー省やホワイトハウスの元スタッフをはじめ、聴取に応じてくれたほぼすべての人物が、日本の再処理政策と使途が不明なプルトニウムを問題視していたのである。

■日米原子力協定の再考

米国の専門家がプルトニウム「余剰」に警鐘を鳴らす中で、なぜ日本は再処理を続けることができたのだろうか。それは１９８８年に発効した新日米原子力協定において、日本が30年間にわたりプルトニウムを抽出し利用することに、米国が同意したことによる。そして、同協定が満期となる２０１８年までに、日本または米国のいずれかが改定交渉を求めない限り、協定は自動延長され、日本が再処理を続けられることになっていた。それに対し、米政府内でも日本の再処理政策やプルトニウムの蓄積を危ぶむ人は少なくなく、私たちＮＤに日本国内での世論喚起を期待する、との声も聞かれた。では、米国政府は改定に向けた交渉を日本に求めたのだろうか。この点について米国の関係者に質問したところ、日本との良好な関係を維持したいなどの理由で、米国は改定交渉を躊躇していたことがわかった。

一方、複数のシンクタンク研究員は、協定の自動延長が迫る２０１８年までに日米両政府への働きかけを強める必要があると訴え、また、日米原子力協定の改定を協議しないのであれば、日本のプルトニウム需供バランスを担保する仕組みを構築すべきと述べる人もいた。そこで私たちは日本の原子力資料情報室や国会議員などと協力し、２０１７年、18年に複数回に渡って、米国に足を運び、米連邦議員や政府関係者、研究者など１００件を超える面談を実施し働きかけを行った。さらに米有力シンクタンクであるブルッキングス研究所やヘリテージ財団などとのラウンドテーブル、下院外交委員会議場でのブリーフィング、対日外交に強い影響力を持つ戦略国際問題研究所（ＣＳＩＳ）でのシンポジウム開催など、この問題への関心をワシントンで着実に広げていった。

２０１８年2月には、私たちの働きかけもあって、核拡散に強い問題意識を持つエド・マーキー上院議員が米議会にて、「日本の現状はこの地域における核拡散リスクを増大させると考えられることから、日米原子力協定は再交渉されるべきではないか」といった質問を行った。

こうした日米関係者の様々な活動が、後述するように、プルトニウム保有量を削減するという、日本政府の歴史的決定へとつながっていったのである。

■限られた日米外交チャンネル

原発・再処理を巡る日米外交チャンネルは原発・再処理推進派に有利なものとなっている。日本の原発・再処理に関心を持つ米政府関係者や有識者は、原子力産業と繋がりをもつ「原子力関連専門家」、日本を研究し、日本政府との繋がりの深い「日本専門家」、核拡散を危惧する「核不拡散派」の3グループに分かれる。対日政策では前二者が影響力を持ち、「核不拡散派」の声は政府高官であっても日米外交にほとんど反映されない。

さらには、米国の情報を日本側が恣意的に選択して日本に流すため、米国内に日本の原子力政策に懸念の声があっても、日本にはほとんど伝わらないという問題もある。

2012年、日本の民主党政権が「2030年代に原発ゼロ」の閣議決定を見送った際、日本では「原発ゼロ、米国の圧力で見送り」と報道された。他方、NDの現地調査によれば、米国が反対していたのは「再処理を続けながらの原発ゼロ」であり「原発ゼロについて」ではなかった。そもそも再処理を行わない米国では、不拡散派のみならず原子力関連専門家や日本専門家でも、その一部を除き、再処理に懐疑的である。不拡散派を中心に「再処理反対」の声を上げていたが、その声は捻じ曲げられて日本に伝わっていた。また、当時、米国では原発自体が斜陽産業であると誰もが認識していたことも日本には伝わっていなかった。

ＣＳＩＳの研究員は、日米は「特別な同盟関係」にあり、対日原子力政策の外交チャンネルは限られており、日本には米国の一部の意見しか届いていないと指摘する。日本の原発や再処理・プルトニウム余剰問題については、米国からの情報が日本に正しく届いていない可能性があると理解する必要がある。

■訪米調査の成果

ＮＤでは、一連の訪米調査で築いたネットワークを活かして、米国の政府関係者や連邦議会議員、原子力専門家とともに日本の核燃料サイクルやプルトニウムなどの問題について世論喚起を続けてきた。たとえば２０１５年の秋には米国から核政策の専門家４名を日本に招き、安全保障の観点から原発や再処理の問題についてディスカッションを行った。また２０１６年には『アメリカは日本の原子力政策をどうみてい

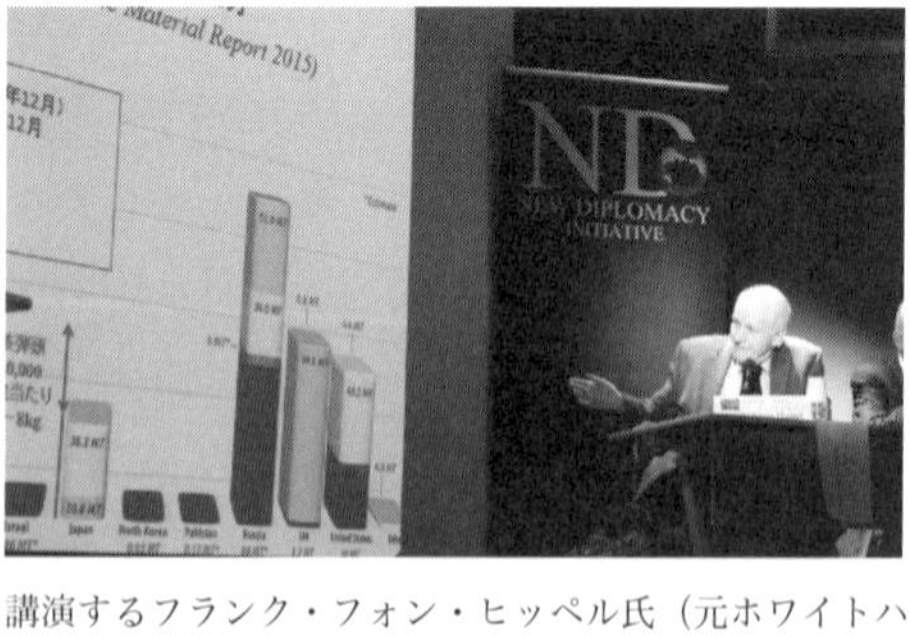

講演するフランク・フォン・ヒッペル氏（元ホワイトハウス科学技術政策局高官、ビクター・ジリンスキー氏（元米原子力規制委員会委員）（2015 年）

るか』（岩波ブックレット）を出版し、日米原子力協定や再処理をめぐる日米関係を深掘りするなど、情報発信を続けてきた。前述の通り、米議会での上院議員による米政府への質問も実現し、日米議員の共同執筆による日本の新聞社への寄稿なども行った。

このような働きかけの結果、２０１８年７月、日米原子力協定が自動更新されるタイミングで、日本の原子力委員会はプルトニウム保有量削減を目的とする六ヶ所再処理工場の稼働制限を表明した。これは画期的な政策変更であり、その後に閣議決定されたエネルギー基本計画には、初めて「プルトニウムの削減に取り組む」との一文が記された。

日本が核武装に向かうと考える米国の専門家は少ないものの、使途が不確かなプルトニウムを日本が保有することを容認すると、それに続こうとするインセンティブを他の国々に与えることにもなりかねない。また、中国や韓国、北朝鮮をはじめとするアジア諸国が日本の潜在的核抑止力を脅威と捉え、この地域に緊張が生じる危険性もある。さらに核セキュリティ上のリスクとして、テロリストによるプルトニウム窃取もけっしてあり得ない話ではないだろう。

これらの問題に対し、ＮＤは日本と米国との外交チャンネルを広げることで、警鐘を鳴らしてきた。引き続き日本の核燃料サイクル政策の問題点を発信し、日本および米国の世論を喚起していきたい。

（平野あつき）

《第3節》 2024年訪米調査―気候変動対策を謳った米国の原発回帰

第1節で触れた通り、米国では2000年代前半に約30基もの原子炉新設計画が持ち上がり「原子力ルネサンス」といわれる状況があったが、その後、新たに普及したシェールガスや再生可能エネルギーに発電コストで劣後することなどから、そうした計画の多くが実現せず、原子力産業は衰退の一途を辿るかに見えた。

しかし現在、米国政府は、気候変動を主な理由として原子力産業の立て直しを図っており、連邦議会でも与野党問わず原発推進派が多数を占めている。原子力産業界は高速炉を含む「革新炉」と総称されるタイプの原子炉の開発に力を入れ、各社がしのぎを削っている状況にある。この米国の動きに、日本政府・企業も共同開発や投資といった形で深く関与し、政府は「新たな安全メカニズムを組み込んだ次世代革新炉の開発・建設に取り組む」としている（2023年閣議決定「GX実現に向けた基本方針」）。日本政府は、高速増殖炉計画の失敗・再処理工場建設の行き詰まりに直面しているにもかかわらず、米国との共同開発などをいわば頼みの綱として、核燃料サイクル政策を柱とする原子力推進を掲げ続けている格好である。

そこで、米国における「革新炉」開発の実態を調査するため2024年3月、NDのメンバーは、大島堅一氏（龍谷大学教授、原子力市民委員会座長）、明日香《あすか》壽川《じゅせん》氏（東北大学教授）、まさのあつこ氏（ジャーナリスト）とともに訪米調査を実施した。現地では、現職・元職の政府関係者、科学者、法律家、原子力企業や業界団体、環境団体、シンクタンクなど約20件のインタビューを行った。また、「革新炉」開発を推進する一方で、使用済核燃料対策がどうなっているのかについても、関係者に聴取した。

■「革新炉」開発の実態

米国の原子力産業界が開発に注力している「革新炉」には様々なタイプの原子炉が含まれる。いずれも各社が「既存の原発より発電コストが低い」「再生可能エネルギーの変動性を補う調整電源になり得る」と売り込み、政府の支援を受けて開発を競っている。

しかしその実態は、順風満帆とは言い難い。例えば、最も実用化に近いと言われ、日本企業や政府系金融機関も出資している米ニュースケール社の小型モジュール炉（ＳＭＲ）の第1号

米シンクタンクにて、日米の原子力協力の現状について聴き取りを行う訪米調査団一行（2024年）

計画は、SMRとして初めて原子力規制委員会の設計認証を得たが、発電コストの上昇を理由に売電相手が電力購入契約をキャンセルしたことで、あえなく頓挫《とんざ》した。同社のSMRは、工場でモジュール（部材）を製造して現地で組み立てるタイプの原子炉を6基や12基というセットで設置することを想定していた。そのため建設が簡単で、一部の炉を止めても他の炉で発電が続けられるのでメンテナンスも容易であり、既存の大型原発に比べて低コストであると謳われていたが、あろうことかコスト高を理由に頓挫したのである。

また高速増殖実験炉「常陽」や高速増殖原型炉「もんじゅ」での経験を有する日本原子力研究開発機構や日本企業との協力体制を築いている米テラパワー社はナトリウム冷却高速炉「Natrium」の開発を進めており、実証炉をワイオミング州に2028年に完成させる予定であった。しかし、燃料となる高純度低濃縮ウラン（HALEU）の供給体制の問題から完成予定を少なくとも2年間延期すると発表した。

HALEUについては第1節でも触れたが、その供給問題は、テラパワー社の炉だけの問題に留まらない。というのも、米国製「革新炉」の多くがHALEUを燃料とするにもかかわらず、このHALEUを製造・販売しているのは、これまでのところロシアの国営原子力企業ロスアトムの系列企業だけだからだ。米国もロシアからの輸入に頼ってきたが、ウクライナ戦争勃発以降、もはやロシア企業に依存することは考えられなくなった。バイデン政権は補助金を支出してＨＡＬＥＵの国内生産の後押しを図ったが、商用化に耐える生産体制整備には及んでおらず、その結果、「革新炉」の計画が遅れ、それがＨＡＬＥＵの生産も進まない原因になるという負のスパイラルに陥っている。

研究者や環境団体は、原子力発電は再生可能エネルギーに比べて経済的に非効率であると繰り返し強調していたほか、ＳＭＲは小型であるが故のセキュリティ上の問題や、許認可に必要な避難計画の不十分性などを指摘していた。米国の「革新炉」の現状は、開発バブルの仮面の下でガタついているといってよいだろう。

このような現実の厳しさにもかかわらず、今回の調査では、米国政府は原子力発電を脱炭素電源の選択肢の一つとみて、再生可能エネルギーなどと共に援助・優遇するスタンスをとっていることを強く感じた。米エネルギー省・核エネルギー局の高官は、「革新炉」がまだ一基も稼働しておらず、その燃料の国内生産もほとんど進んでいない状況を認識していた。それでもなお、米国政府が掲げる「２０３５年までの電力業界でのゼロ炭素、２０５０年までのネットゼロ」を達成するため、「革新炉」開発に有用と思われるものは何でもやるしかない旨、具体的解決策を提示せずに述べていた。

■「核のゴミ」中間貯蔵問題

日本では、六ヶ所再処理工場の操業開始がいつになるか定かではないことから、青森県むつ市に中間貯蔵施設が設置され、山口県上関町でも建設計画が持ち上がっている。実は米国も日本と同様、使用済核燃料の処分という大きな課題を抱えており、全く解決できていない。

米国は直接処分を方針とし、使用済核燃料は高レベル廃棄物に類別されている。1980年代にネバダ州のユッカマウンテンが使用済核燃料の最終処分場に選定されたものの、オバマ政権下の2010年、その計画が凍結されたことは良く知られている。そうした中、米国でも原発敷地外で高レベル放射性廃棄物を〝暫定的に〟保管する中間貯蔵施設の建設計画が持ち上がり、地元の激しい反対を招いている。最終処分場建設の目途が立たない中で原子力を見直し、活用するとなれば、こうした問題が先鋭化することは不可避であり、米国の状況は核燃料サイクルの破綻を直視せず、原発新設・再稼働に舵を切った日本の状況とも重なる。

現在持ち上がっている中間貯蔵施設の建設計画は、ニューメキシコ州とテキサス州の2施設である。今回の調査では、両州では反原発団体や環境団体と、州政府・州議会・州選出の連邦議員らが一丸となって、中間貯蔵施設の設置を妨げる州法の立法や訴訟などを駆使しながら、広範な反対運動を展開し、建設計画を事実上阻止している現状にあることがわかった。この問題をめぐっては、地元産業界や共和党選出の保守的な知事も、環境団体などと協力している点がユニークであり、これは日本の中間貯蔵施設をめぐる政治情勢と大きく違う点でもある。

■訪米調査の成果を活かして

米国の高速炉を含む「革新炉」開発や使用済核燃料の中間貯蔵については、日本語でアクセスできる情報は多くなく、帰国後の報告会を契機にメディアの取材も相次いでいる。むつ市に柏崎刈羽原発から使用済核燃料が運び込まれた翌日の2024年9月27日には、訪米調査でご協力いただいた米専門家や、立地計画が持ち上がっているニューメキシコ州の地元住民の方、日本の専門家、上関・むつの中間貯蔵に反対する地元住民の方を招いた国際オンラインシンポジウムを開催し、日米を直接橋渡しする企画として成功させた。訪米調査の成果を活かした国境を超えた連携・橋渡しの役割をこれからも果たしていきたい。

米国の原発回帰の肝となる「革新炉」開発については、気候変動対策としての有効性の検証や日本の高速炉開発や核燃料サイクル政策維持との関係性を解き明かし、それらを日本社会にわかりやすく伝える取り組みを続けていく。

（加部歩人）

第5章　外交で平和をつくるとは

2年前、ヨーロッパをアジア11カ国の安保・外交の専門家と共に訪問した際、印象に残る出来事があった。日本からの私の他、韓・豪、東南アジア諸国からフィリピン・インドネシア・シンガポール・マレーシア・タイ、南アジアからインド・アフガニスタン・バングラディシュからの参加だった。欧州各国やEU、NATOが、相次いでインド太平洋地域についての戦略や方針を発表する中で、どの会議でも主として「米中対立激化の中、各国はどうふるまうべきか」との議論が行われた。

ベルギーの首都ブリュッセルのNATO本部でのある会議は、冒頭から緊張したものとなった。NATO側出席者からの、〝当然〟といった雰囲気での「権威主義との戦いにおいて私たちは共に行動しなければ」との投げかけに対して、アジア側参加者が口々に、驚くほど強く反発したのである。

「米中の激しい覇権争いのど真ん中で微妙なバランスを保ち、何とか戦火を避けようとしている。各国それぞれのニュアンスを理解すべきだ」、「単に中国を〝脅威〟とだけとらえると見誤る。中国とアジア各国は経済的繋がりも深いし、血縁者も多い」など……。

「どちらの側につくか、選ばせないでくれ（Don't make us choose）」という、強烈なアジア諸国のメッセージに圧倒された。

また、その自信にあふれた姿が、アジア各国の経済力の向上によって裏打ちされていることも強く実感した。

■東南アジアから学ぶ

アジア諸国、特にASEANというまとまりをもった東南アジア諸国が米中間で微妙なバランス外交を行っているその姿勢には、NDでのフィリピン調査（2018年訪比・第3章第2節参照・『米中の狭間を生き抜く』〈かもがわ出版〉前後から強い関心を抱いてきた。このNATO本部での経験を経て、これらの国々のその姿勢をさらに強く意識することとなり、その後出席したASEAN諸国での国際会議（23年タイ、24年ベトナム）では、これらの国々において中立外交が「国是」ともいえるレベルに達していることを痛感するようになる。

2024年に訪問したベトナムは、300万人が命を落としたベトナム戦争を含め、1990年になるまで占領と戦争に苦しめられてきた国である。90年には世界最貧国といわれる状況にあったが、86年のドイモイ政策（対外開放）から現在まで急成長を遂げ、2023年にはGDP世界35位となった。このような歴史から、「平和なくして経済成長なし」との精神が社会に根付き、平和への想いが極めて強い。

そのベトナムの外交姿勢は、「バンブー・ディプロマシー（竹外交）」と表現される全方位外交で、国連安保理常任理事国5カ国を含み、世界のどの国とも良好な関係を保ちながら、根はしっかりと独立、オートノミー（自主・自立）に据えている。また、外交原則として軍事同盟に参加しない、外国の軍事基地を置かないといった「4つのNO」も唱えている。

侵略された過去の長い歴史からも中国に対する国民感情は極めて悪いが、真隣りの大国の重要性も十分すぎるほどに認識しており、中国とも良好な関係を築き、中越は、2023年には両国を「運命共同体（未来共同体）」と明記する外交声明を発表している。他方、中国との南シナ海での領土紛争も抱え、米国との関係

ベトナム共産党の外交担当者と面談する筆者（左端）（2024年）

も急速に改善させ中国を牽制している。ベトナム訪問中には「米国はガールフレンドだが、中国は妻だ」との発言も耳にした。なお、全貿易額中、対中国が24・6％、対米国は17・3％（2022年）である。

近年までの戦争だらけの歴史を今なお肌で感じ、陸の国境線を中国と共有するベトナムの緊張感と全方位外交の必死さは特に強いもののように感じられた。

もっとも、米中覇権争いにおける中立的立場はベトナムに限らず広く東南アジア諸国に共通するもので、年々その傾向が顕著になっている。

ASEAN諸国の政府関係者や専門家対象の世論調査（ISEAS-Yusof Ishak Institute）においては、「米中対立下でASEANはどう対応すべきか」との質問に、米中いずれかを選ばざるを得ない、と回答したのは実に8・0％しかいなかった（2024年）。詳細にみると、「中立維持は現実的ではないため、米中いずれかを選択しなければならない」との回答者が8・0％であり、他は、「米中からの圧力をかわすために、ASEANの対応力と結束力を強化すべき」が46・8％、「米中いずれのサイドも取らない」が29・1％、「戦略的空間と選択肢を広げるために第三極を追求すべき」が16・1％、であった。

この世論調査は続いて「米中いずれかを選ばねばならないとしたら、いずれを選ぶか」と質問するが、2020年以来毎年問われてきたこの質問において、2024年、初めて中国を選ぶ回答者が過半を超えた（中国50・5％、米49・5％）。

なお、このように書くと「しかし、フィリピンは米側サイドに寄っている」との指摘を受ける。確かに、前著で詳述したフィリピンは、ドゥテルテ前大統領時代は中国に接近したが、2022年にマルコスJr. 政権となってから米側に急接近しているのは間違いない。さりとて、今なお、最大の貿易相手である中国についての重要性の認識も高く、就任後遅くない時期にマルコス大統領は東南アジア以外では初の外遊先として北京を訪問し、多額の投資を誘致するなど経済では接近を図っている。

■緊張緩和のための具体的政策

第二部に詳しいが、日本では米中対立で米側につくことが当然視され、近年は、日米一体化の深化こそが絶対であるかのような安保政策が急速に推し進められている。しかし、米国と日本の国益は異なるし、2カ国が置かれている地政学的条件も全く違うものである。東アジアで各国が軍事力拡大を継続して高度の緊張が続けば、些細な衝突や事実誤認などから一気に大戦争につながりかねない。

台湾有事の可能性が騒がれるが、台湾有事となれば、台湾にほど近く多くの米軍基地を抱える沖縄をはじめとする日本こそが戦場となり得る。「戦争の回避」こそが、現在の日本の最大の課題であり、そのためには緊張の緩和に向けた外交が必須である。

「外交は大事だが、実際には何をすればいいのかよくわからない」

「今の方向は間違っていると思うけれど、でも、どうしたらいいのか」

日本では多くの人たちが、日本の安保環境を懸念しつつも、急速な軍拡にも不安を感じ、他の方法を模索したいと願いながら、その具体的手段がわからないでいる。

私たち新外交イニシアティブ（ND）は、そのような人々の想いを具体的政策に落とし込んで、政治の意思決定過程に伝えることを一番の存在意義と捉えている。抑止力とは何か、中国、台湾、米国にはどういった外交を行うべきか、日本が今直視すべきは何か、といった点について、何度も研究会を重ねた上、「政策提言：戦争を回避せよ」を発表している。是非、ご覧いただきたい（本書159頁以降に掲載）。

■どのような外交を行うべきか：「制度化」された「マルチトラック外交」を

安保政策全般については提言に譲り、ここでは、どのような外交を行うべきかという点について述べたい。

今の日本には、緊張緩和に向けた外交が決定的に欠けている。戦争を「確実に」防ぐ方法は存在しないが、戦争が起きないような環境を最大限整備することが外交の役割である。そして今、特に必要なのは、中国との間における「制度化されたマルチトラック（重層的な）外交」である。

では、「制度化されたマルチトラック外交」とはなにか。

まず、「制度化された外交」である。

米バイデン政権は、日米豪印のQUAD、米英豪のAUKUS、日米比連携など、多くの軍事同盟・準同盟関係をインド太平洋地域に構築した。そして政権後半、次期大統領がトランプ氏となった際にこれらの関係を壊されることを恐れて、多くの外交関係を「制度化」すべく熱を入れて取り組んだ。

いうまでもなくこれらの同盟・準同盟関係は、基本的には中国を軍事的に抑止するためのものである。しかし、丁寧に見てみると、実は、一つ一つの協力関係はかなりの細部にわたっている。日米韓の連携を例に「制度化された外交」を見てみよう。

2023年8月、米国のキャンプ・デービッドにて日米韓首脳会談が行われ、今後の3カ国協力が発表された。この日米韓パートナーシップは「新時代の幕開け」などと評され、日本のメディアでは極めてポジティブに報じられ、日米韓の首脳会談や3カ国軍事演習を毎年実施することが大きく報じられた。

しかし、首脳会議での決定事項はその二つに留まらない。軍事面では、さらに、弾道ミサイル防衛協力の強化、北朝鮮のサイバー活動対策、情報共有の拡大、海上阻止訓練と海賊対処演習の再開などが決定された。

外交面では、3カ国の外務・防衛・商務産業担当大臣などの年一度の会合が約束され、財務大臣の初会合も開催され、また、3カ国での東南アジア諸国や太平洋島しょ国とのパートナーシップ強化も決定された。

さらには、災害救助や人道支援の3カ国協力拡大や、ASEANや太平洋諸島フォーラムといった既存の地域制度の強化、太平洋諸国やメコン地域などにおける能力構築や人道支援も約束され、また、米国国際開発金融公社（DFC）、国際協力銀行（JBIC）、韓国輸出入銀行の協力、サプライチェーン強化、海上保安と海上法執行に関する能力構築、開発・人道支援政策対話なども決定された。

そして、それにとどまらない。他にも、女性の活躍推進、3カ国の国立研究所間の協力、人工知能などの技術標準化における協力、がん研究所の3カ国対話、日米韓グローバル・リーダーシップ・ユース・サミットの開催、技術政策分野のトレーニングプログラムの実施までもが決定されている。

実に、多種多様な分野での３カ国協力が約束されたのである。

２０２４年11月には、３カ国の協力をさらに推進するために「日米韓調整事務局」の設置が決定された。

私自身、２０２４年４月には、米政府から日米韓「安全保障分野の女性の地位向上」研修プログラムに招かれた。これは首脳会談での決定事項「女性の地位の向上」が実施に移された一例である。３カ国から５人前後の女性の安保専門家が参加し、３カ国を回り、各国の外務省や防衛省、米軍基地を回って意見交換した。この研修に参加している間には、米政府内で、キャンプ・デービッドで決まったそれぞれのテーマが担当部署に位置付けられたり職員が配置されたりしていることを体感した。また、この「ト

在韓米軍基地キャンプ・ハンフリーズにて米軍司令官と日米韓の女性安保研究者（右から４番目が筆者、2024 年）

ライラテラル（3カ国連携）の制度化」概念が米政府内に広く共有されていることも実感した。

この3カ国連携の主目的は対中軍事包囲網の強化であり、その方向性には疑問もある。しかし、多額の資金と人員を割き、米軍基地から国防総省に至るまで、各所で訪問団を歓迎する懸命な米国を目の当たりにし、「米国が外交に本気になる時は、ここまでやるのか」と「あるべき外交の姿」を米国政府から学んだと感じた2週間であった。

帰国後の私の感想は、「この必死の外交を中国とやらなければならない」というものであった。


すなわち、「外交の制度化」とは、国と国との関係を継続的に、定例化された関係にするということである。制度化すると、各国が省庁横断的に担当者を置くことになり、他国とのその担当テーマについてのメール・電話・対面での日常的なやり取りが増える。他国と顔が見える関係になり、一定情報公開が進み、また、緊急対応・危機対応も容易になっていく。結果、各国が連携を増やし、深い相互協力が実践されていくと戦争への機会費用が高くなる。そのことで、各国は衝突を避けなければならなくなっていく。

もちろん、首脳会談や外務大臣の会談は極めて重要だが、外交とはそれら一回の会談に留まらず、このように費用と時間をかけ、多くの人が関わる形で、深く広く長いものでなければならない。

また、この「制度化された外交」は、米政府が試みているように政府外にも広げられねばならない。「重層的（マルチトラック）な外交」、つまり、国の政府に限られず、識者外交や議員外交、地方自治体外交、市民社会外交、ビジネス・経済界の関わりなどにおいても、定例化され恒常的で密な関係が構築されねばならない。すなわち、二国間の外交を充実させるためには、「マルチトラック外交（重層的な外交）が制度化」されなければならないのである。特に、このマルチトラック外交は、政府間外交が充実していない時にこそ重要である。

日本と中国の政府間外交は極めて限定的な状況が続いている。故安倍首相が約束した日中首脳の相互訪問もこの5年以上もの間行われていない。それどころか、2024年7月の厚生労働大臣の訪中までの1年3カ月、日本の閣僚は一人たりとも中国を訪問していない。

私は、同じ7月に超党派の国会議員団の同行で中国を訪問したが、中国現地で大歓待を受けるとともに、国会議員の訪中もそれまでわずかにしかなされてきていなかった現実も痛感することとなった。

中国での邦人の身柄拘束などが報じられる中、中国研究者ですら中国を訪問しない状況が続いている。確かに、身柄拘束などを恐れる気持ちはわかるし、その点については中国の側にこそ問題がある。しかし、だからこそそのような恐れのない立場の人々の積極的な外交・交流が促進されねばならないし、その過程を通じて中国に対して方針転換を求めていくことが必要である。

なお、詳細は別稿に譲るが、先日の中国訪問の際には、中国の「制度化されたマルチトラック外交」に圧倒された。例えば、中国の大小の地方自治体が実にたくさんの姉妹都市関係を世界の国々の都市と結び、市の職員は当然のこと、小学生の相互交流などを通じて世界中の国々と足元から関係を深めている（姉妹都市の例としては、北京市55カ所・上海市72カ所。日本では例えば、東京都12カ所・大阪市7カ所）。また、たくさんの留学生をアフリカをはじめとした発展途上国から招き、将来の各国のリーダーを中国で育てているのも数十年後の中国の圧倒的な強みになるだろう。

■外交なくして平和はつくれない

日本の政界・言論界において、「外交で平和などつくれるわけはない」と外交を鼻で笑う雰囲気があることを強く懸念する。外交だけで平和はつくれないかもしれないが、外交なくしては絶対に平和はつくれない。

この間、様々な国に足を運び、政府関係者を含め多くの国の人々と意見交換を続けることで、実に多くのエネルギーを注いだ外交的努力が世界のあちこちでなされていることを知った。歴史的には、日本の外交にも素晴らしい点が様々あることは承知しているが、今の日本にはこうした外交努力ができているのか。軍事的なものだけに頼りすぎてはいないか。また、「外交をやっています」という場合に、同盟国・友好国との外交や、西側陣営を強くするためだけの外交になってはいないか。むろん同盟国や友好国との外交もどんどんやればよい。しかし、戦争を回避するために最も肝心なのは、対立関係にある国との外交である。政府が動か（け）なければ、マルチトラック外交の他層の出番である。多くの方々の尽力を期待しながら、自らも努力を続けていく。

（猿田佐世）

【政策提言】

戦争を回避せよ

新外交イニシアティブ（ND）

柳澤 協二（ND評議員／元内閣官房副長官補）
マイク・モチヅキ（ND評議員／ジョージ・ワシントン大学准教授）
屋良 朝博（ND評議員／前衆議院議員〈沖縄選出〉当時）
半田 滋（防衛ジャーナリスト／元東京新聞論説兼編集委員）
佐道 明広（中京大学国際学部教授）
猿田 佐世（ND代表／弁護士〈日本・米ニューヨーク州〉）

提言要旨

●安全保障政策の目標は、戦禍から国民を守ること、即ち、戦争回避でなければならない。抑止力強化一辺倒の政策で本当に戦争を防ぎ、国民を守ることができるのか。

軍事力による抑止は、相手の対抗策を招き、無限の軍拡競争をもたらすとともに、抑止が破たんすれば、増強した対抗手段によって、より破滅的結果をもたらすことになる。抑止の論理にのみ拘泥する発想からの転換が求められる。

戦争を確実に防ぐためには、「抑止（deterrence）」とともに、相手が「戦争してでも守るべき利益」を脅かさないことによって戦争の動機をなくす「安心供与（reassurance）」が不可欠である。

●台湾有事にいかに対処するかは、戦争に巻き込まれるか、日米同盟を破綻させるかという究極の選択を迫る難題である。それゆえ、台湾有事を回避するために、今から、展望を持った外交を展開しておかなければならない。

例えば、米国に対しては、過度の対立姿勢をいさめるべく、米軍の日本からの直接出撃が事前協議の対象であることを梃子として、台湾有事には必ずしも「ＹＥＳ」ではないことを伝えることができる。台湾に対しては、民間レベルの交流を維持しながら、過度な分離独立の姿勢をとらないよう説得することができる。中国に対しては、台湾への安易な武力行使に対しては国際的な反発が中国を窮地に追い込むことを諭し、軍事面では米国を支援せざるを得ない立場にあることを伝えながら、他方で台湾の一方的な独立の動きは支持しないことを明確に示すことで、自制を求めることができる。また、日本は立場を共にする韓国や東南アジア諸国連合（ASEAN）を含む多くの東アジア諸国と連携して、戦争を避けなければならないという国際世論を強固にすることもできる。

台湾有事は、避けられない定められた運命ではない。日本有事に発展するかどうかも、日本の選択にかかっている。回避する道のりがいかに困難であっても、耐えがたい戦争を受け入れる困難さは外交による問題解決の困難を上回る。政治は、最後まで外交を諦めてはならない。

●「抑止」としても「対処」としても、必要な条件を満たさず、戦争拡大の契機ともなる敵基地攻撃を、政策として宣言するのは愚策である。

●政治は、戦争を望まなくとも、戦争の被害を予測し、それを国民と共有するべきである。それは、防衛のための戦争であっても、戦争を決断する政治の最低限の説明責任であり、それなしに国民に政治の選択を支持させるのは、国民に対する欺罔《ぎもう》行為である。

■戦争の危機の時代における政治の課題

戦後日本は、70年以上にわたり、戦禍に巻き込まれることがなかった。その背景には、米ソ両大国間の安定的な相互抑止関係が存在したこと、および、日米同盟の下にありながらも日本国憲法のもとで抑制的な防衛姿勢を維持し、米軍の行動と一線を画してきたことがあった。結果として、ミサイルが日本に着弾することなく、また、海外に派遣された自衛隊が一発の弾を撃つこともなく、一人の戦死者もなく今日に至っている。

今日、米ロ、米中という大国の間に安定的な相互抑止関係があるとは言い難い。今年2月に始まったロシアのウクライナ侵攻に加え、台湾海峡における軍事的緊張の高まり、北朝鮮によるたび重なるミサイル発射は、日本国民のなかに戦争の不安を増大させている。その状況を受け、政府は、日米同盟による抑止力の強化、敵基地攻撃能力の保有を含む防衛力の大幅な増強を目指すとともに、２０１５年の安全保障関連法に基づく日米の軍事的な一体化を加速させている。

一方、連日報道されるウクライナの状況は、始まった戦争を終結させることが困難であること、ミサイルから安全な場所はなく、民間人の犠牲を防げないことを示している。台湾有事が起きれば、沖縄を含む日本の各地域で同じことが起きる。戦争は回避しなければならない。これが、ウクライナ戦争の最大の教訓である。

防衛政策の目標は、何よりもまず、戦禍から国民を守ることである。抑止力強化一辺倒の政策で本当に戦争を防ぎ、国民を守ることができるのか。その代替策を含め、いかにして戦争を回避するかを活発に論じることこそ政治の使命であり、政治の対抗軸であるべきである。

同時に、国連安保理常任理事国であるロシアによる侵略行為は、戦後国際秩序をかろうじて支えてきた国連そのものの危機でもある。このままでは、世界は再びルールなき戦争の時代になってしまう。

国際社会は、戦争を契機としながら戦争を規制する国際システムを模索してきた。それを維持するために必要なのは、世界を滅亡に導きかねない戦争を避けることである。そのためには自国の利益より共通の秩序を優先する大国の自制が欠かせない。自制が失われたところに、ロシアのウクライナ侵攻があった。そして今、中国について、同じ懸念が生じている。

日本は二つの大きな課題に直面することになった。一つは、台湾有事という目前にある米中の戦争の危機をいかに防ぐかという課題であり、もう一つは、国連をはじめとする世界秩序をどう再構築するかという課題である。

日本の安全保障をめぐる論議は、もっぱら同盟と抑止力の強化に焦点を当てている。その背景には、日米の抑止によって、日本を脅かす戦争が防がれてきたという成功体験がある。だが、大国間の相互抑止が安定していない今日、軍事力だけでは戦争の恐怖から逃れることはできない。同盟国から見捨てられるか、同盟国の戦争に巻き込まれるかという「同盟のジレンマ」が顕在化する。

ロシアのウクライナ侵攻に際して、米国はウクライナへの米軍派遣を否定したが、それは、米国がロシアと直接衝突すれば、世界戦争になるという懸念があるからである。大国を抑止するためには大国間の戦争を覚悟しなければならず、また大国間の戦争を避けようとすれば大国の暴走を止められない。これが、ウクライナ戦争が突き付けた抑止の現実である。我々は、大国の武力行使も、世界戦争も、選択することはできない。

戦争回避が日本の安全保障政策の目標でなければならない。そのためには、抑止の論理にのみ拘泥する発想からの転換が求められる。

残念ながら国会やメディア報道における議論は、「敵基地攻撃の要件をどうするか」といった技術論に終始している。日本が内向きの理屈で自問自答しても、軍事的な能力には限界があり、米中の大国間戦争を止める力にはなり得ない。

岸田文雄首相は、2021年の自民党総裁選挙に当たって、「まずは外交努力をするが、有事となれば平和安全法制（安全保障関連法）に従って対応する」旨述べた。そこには、「何としても有事にしない」という強い信念は見えない。

「外交には一定の力の裏付けが必要だ」という主張もある。この点、まずは、日本の自衛隊が、既に世界有数の軍事力をもつ存在となっていることを忘れてはならない。さらには、外交の目標とは何であるのか。相手を説得することであるなら、必要な力は強制手段としての軍事力だけではなく、国際世論と協調した道義的な説得力や、日本の善意と魅力を伝えるソフト・パワーが必要となるはずだが、今、外交の目標とそれに見合う力をどう調和させるかの議論は行われていない。

政治が考えるべきことは、米中の軍事衝突をどのように防ぐか、そして、安定した国際秩序をいかに構築するか、そのために日本に何ができるのかという問いかけに答えることである。我々は、まずこのことを、与野党を問わず、日本の政治に求めたい。

■台湾有事に巻き込まれるか、回避するか

戦争は、ウクライナ侵攻におけるロシアがそうであったように、楽観的見通しによって始まる。それゆえ、勝利を楽観視させないための防衛の意思と能力は必要である。同時に、戦争は、他の手段では目的を達成できないという「外交への悲観」によっても始まる。それゆえ、戦争を防ぐためには、外交による解決の余地を残す政治的柔軟性が必要となる。

抑止とは、戦争を企図する者に対して、戦争による利益を上回る損害、あるいは、耐え難い損害を被ることを認識させて、思いとどまらせることである。抑止のためには、相手がこちらの反撃の能力と意思を疑わず、手痛い損害を被ることを確信する必要がある。だが、そこには多くの誤算や認識の齟齬が生まれる。

相手は、こちらの意思を軽視するかもしれない。あるいは、損害を過小に見積もるかもしれな

い。さらに、「いかなる反撃を受けても断じて譲歩できない」と考えるかもしれない。これらは、ロシアがウクライナ侵攻で示した侵略する側の心理である。

反撃を図ろうとする側も、どの程度の武力を加えれば相手が侵攻を断念するか、正確には理解できない。そこで、反撃力が大きいほどよいと考える。その究極には、核兵器がある。一方、反撃が大きいほど、相手の再反撃も大きくなる。やがて武力によって抑止しようとする側も、大きな損害を覚悟しなければならなくなる。

大国を抑止するには世界戦争を覚悟しなければならない。それは、ロシアだけではなく中国についても同じである。

今日、台湾をめぐる米中の対立は、民主主義対専制主義というイデオロギー対立の焦点となっており、双方が判断を誤れば取り返しのつかない戦争に至るおそれがある。米軍の前線拠点である日本が米国に加担すれば、中国との戦争に巻き込まれる。一方、米国に加担せず、中立の姿勢をとれば日米同盟は崩壊する。台湾有事にいかに対処するかは、「安全保障関連法に従って対応すればよい」という単純な問題ではなく、戦争に巻き込まれるか、日米同盟を破綻させるかという究極の選択を迫る難題である。

それゆえ、戦争を回避し、戦争の危機があれば早期に収拾するために、今から、展望を持った外交を展開しておかなければならないのである。

軍事力による抑止は、相手の対抗策を招き、無限の軍拡競争をもたらすとともに、抑止が破たんすれば、増強した対抗手段によって、より破滅的結果をもたらすことになる。

戦争を確実に防ぐためには、「抑止（deterrence）」とともに、相手が「戦争してでも守るべき利益」を脅かさないことによって戦争の動機をなくす「安心供与（reassurance）」が不可欠である。しかし、日本においては、専ら抑止の観点からのみ安全保障を論じる傾向が強く、安心供与の概念はほとんど認識されていない。

安心供与は、一方的に譲歩することではない。和解が困難な相手であればあるほど、互いに譲れない最低限の要求を認識し、それを両立させる道筋を見いだすことである。それは、過大な要求を相互に排除し、利害対立の緩衝領域を確保する外交のアートである。そこには、抑止と同様、誤算や齟齬が存在する余地があり、長引く不快な交渉も余儀なくされるだろう。それを支えるものは、戦争を回避する強固な意志である。

70年を超えて日本が戦争に巻き込まれなかった時代の条件が大きく変化している今日、外交本来の力が試されている。政治は、軍事力に頼った抑止にのみ目を奪われることなく、戦争を回避するための外交を展開しなければならない。

■台湾を次のウクライナにしないために

米国は、ウクライナに大規模な武器支援を行い、ロシアの戦争プランを誤算に導いている。仮にロシアがこれを予測していれば、2月の侵攻はなかったかもしれない。だがそれは後になって初めてわかる予測困難な産物である。一方、中国は、これを予測できる。それゆえ、台湾への武力行使には慎重になるとともに、米国の武器支援に対抗する手段を周到に準備するだろう。本年8月の台湾を包囲する軍事演習は、米国からの支援を阻止する能力を示すものであった。

安心供与の観点から言えば、NATOの拡大や兵力配備について交渉の余地はあったとしても、ウクライナの全土又は一部を支配下に置くというロシアの主張は、国家主権の原則に反し、安心供与を読み取る余地はまったくない。

他方、「台湾が中国の一部である」という中国の主張は、米中・日中の国交樹立時の共同声明にも示され、これまで、国際的に否定されたことはなかった。問題は、中国が武力による統一に踏み切るかどうかということにある。

中国は、「外国の干渉や台湾独立勢力に対する武力行使を放棄しない」と言っている。米国は、「中国の武力行使を容認せず、台湾防衛を支援する」との立場である。台湾の立場は、「中国本土との統一を望まないが、戦争につながる独立宣言をしようとは思わない」というところに集約できるだろう。三者は、それぞれ異なった思惑を持ちつつも、「現状維持」を最低限の目標としている。同時に、いずれの当事者も、戦争を望んでいない。

他方、２０１９年の中国による香港弾圧を経た結果、台湾では「一国二制度」への共感が失われ、分離を志向する傾向が強まっている。米国も、「一つの中国」政策を維持すると言いつつ、「台湾関係法」による台湾防衛を重視する傾向を強め、かつてのように台湾の分離思考をいさめることはしない。こうした米台の姿勢が、中国の不満を煽っている。こうして、中台の思惑の違いが明白となり、そこにイデオロギーによる米中の覇権争いが重なって、政治的な妥協を難しくし、戦争の要因を高めている。

ロシアのウクライナ侵攻では、日本は当事者になっていないが、地理的に近い台湾有事は別である。まず、日本は戦争となれば最も影響を受ける国であり、そして、日本は米中双方と緊密な関係があり、双方と対話できる立場にあるからである。その日本が、台湾有事の回避のために何もしないという選択肢はない。だが、そのための日本独自の外交戦略が見えないことが問題である。

例えば、米国に対しては、過度の対立姿勢をいさめるべく、米軍の日本からの直接出撃が事前協議の対象であることを梃子として、台湾有事には必ずしも「ＹＥＳ」ではないことを伝えることができる。台湾に対しては、民間レベルの交流を維持しながら、過度な分離独立の姿勢をとらないよう説得することができる。中国に対しては、台湾への安易な武力行使に対しては国際的な反発が中国を窮地に追い込むことを諭し、軍事面では米国を支援せざるを得ない立場にあることを伝えながら、他方で台湾の一方的な独立の動きは支持しないことを明確に示すことで、自制を求めることができる。これらは、日本の率直な立場の表明であり、それなりの信憑性をもって受け止められるだろう。その立場は、韓国や東南アジア諸国連合（ＡＳＥＡＮ）を含む多くの東アジア諸国の立場と共通している。日本は、これらの諸国と連携して、戦争を避けなければならないという国際世論を強固にすることができる。

台湾有事は、避けられない定められた運命ではない。日本有事に発展するかどうかも、日本の選択にかかっている。回避する道のりがいかに困難であっても、耐えがたい戦争を受け入れる困難さは外交による問題解決の困難を上回る。政治は、最後まで外交を諦めてはならない。

また、こうした外交のプロセスは、その成否にかかわらず、大国の戦争を規制する新たな国際的ルール作りのモデルとして、歴史的な意義を持つことになるだろう。

■「敵基地攻撃論」における政治の役割

日本政府は、抑止力と対処力の強化のため「敵基地攻撃能力」を始めとする防衛力の抜本的強化の方針を打ち出している。それにより戦争を抑止し、場合によっては軍事力を行使する、という論理である。

敵基地攻撃が抑止として機能するためには、相手が攻撃による目的を達成できないと認識するほどの損害を与える必要がある。相手が中国であれば、沿岸部の数か所の基地を攻撃するだけでは不十分で、内陸部にある基地や堅固に防護された司令部を含め、致命的なダメージを与えなければならない。日本がそれだけの能力を持てると考えるのは、現実的ではない。

そこで、足らざるところは米国が補ってくれるという前提で、日本の反撃能力が限定的でも抑止に役立つ、という論理がある。だが、米国が参戦すれば、世界戦争になるリスクは否定できない。

飛来するミサイルから防御する観点で言えば、ミサイル基地を破壊すれば、発射されるはずであったミサイルを防ぐ効果はあるだろう。だが、すべてのミサイル施設を破壊することは不可能であり、必ずミサイルによる報復がある。最も重要なことは、自衛隊や在日米軍基地と基地周辺の民間人を相手の再反撃から守ることである。だが、被害局限や住民保護については語られていない。

また、敵基地攻撃とは、敵基地がある相手国本土を攻撃することである。相手もこちらの本土に報復して戦争が拡大する。こちらの被害も拡大し、早期終結を困難にする。

軍事技術の進展を考えれば、自衛隊がスタンドオフ防衛能力を持つことを否定するのは困難だろう。だからこそ、その運用には慎重でなければならない。「抑止」としても「対処」としても、必要な条件を満たさず、戦争拡大の契機ともなる敵基地攻撃を、政策として宣言するのは愚策である。こうした政策を持つことで防御を楽観視し、かえって戦争回避のための外交がなおざりになることが懸念される。

政治は、独りよがりの抑止論に終始すべきではない。自国の政策がかえって相手との対話を困難にすることがないよう、外交戦略のなかでの防衛の役割を考えなければならない。

■日本に欠けている戦争のリアリティー

台湾周辺の軍事的緊張の高まりは、沖縄に強い危機感をもたらしている。武力衝突があれば、最前線になる沖縄が耐えがたい犠牲を被ることになる。

戦争においては、前線のミサイル部隊などが優先的な標的となる。自衛隊がミサイル部隊を配備する石垣島などの離島では、有事に住民を避難させるシェルター建設が取り沙汰されている。だが、米軍や自衛隊の拠点という意味では、嘉手納や普天間基地がある沖縄本島も同様であり、戦争が拡大すれば、三沢、横田、横須賀、岩国、佐世保などの基地がある本土も例外ではない。

基地が真っ先に攻撃されるのは戦争の常識であり、ミサイルの標的となるリスクは、沖縄だけの問題ではないのである。

戦争に備えるのであれば、日本中にシェルターを作らなければならない。それは、現実的な施策と言えるのだろうか。今日のミサイル技術の趨勢を踏まえれば、発射の兆候はもとより、飛翔経路を把握することも困難である。どの地域を対象に、いつ避難するかを正しく決定することは不可能に近い。長期にわたって住民を避難させれば、経済は崩壊する。

問題の本質は、こうした弥縫策《びほうさく》で国民の命を守れるのか、ということである。国民の命を守るためには、戦争そのものを回避しなければならない。

戦争となれば、海外に資源を依存する日本において、国民生活が成り立たなくなることは自明である。まして最大の貿易相手国の中国であれば、戦争前から、日本の交易路を妨害する能力があり、レア・アースなどの輸出禁止や日米企業の資産を凍結するなど、多彩な強制手段を持っている。こうした経済的影響が論じられることがないのは、政治の怠慢というほかない。

総じて言えば、日本の安全保障論議は、戦争のリアリティーに基づいていない。戦争は、彼我の相互作用であり、犠牲のない戦争はあり得ない。様々な戦争シミュレーションも行われているが、軍事的な作戦を主なテーマとし、外交的な危機管理をテーマとしていない。また、その取り組みがまじめであればあるほど、「国民保護の壁」にぶつかっている。

政治は、戦争を望まなくとも戦争の被害を予測し、それを国民と共有するべきである。それは、防衛のための戦争であっても、戦争を決断する政治の最低限の説明責任であり、それなしに国民に政治の選択を支持させるのは、国民に対する欺罔行為である。

防衛政策の目標は、何よりもまず、戦禍から国民を守ることである。大国間の抗争が世界を不安定化させるなかで、1発のミサイルの着弾もなく、一人の戦死者もなかった状態を維持することは、容易ではない。大国間の戦争を防がなければ、国民の安全を維持することはできないからである。

「大国間戦争の回避」というテーマは、日本が一貫して考えてこなかった課題であり、「大国に依存する抑止」という思考の枠のなかでは、答えがない課題でもある。その意味で、日本の安全保障は大きな転換点にある。

政治の使命である「国民を守る」という原点に立ち返り、戦争を回避するため日本が何をすべきか、してはならないかを論じなければならない。

2022年11月

れ、その印象は大きく変わった。もちろん安穏とした温かさを感じたわけではない。友好や信頼を基に気の置けない関係を築けた人もいれば、政府の立場にあって国家という分厚い仮面を外さない人もいた。それでもなお、同じ安全保障の政策である「外交」が「軍事」と異なるのは、人を殺すことを前提としていないことだ。外交に携わる人には、力に頼って争うことを避けるため、多様な文化や思想、イデオロギーに対して柔軟な受容性が求められる。国際的なルールや秩序が綻びを見せる中、新たな紛争を起こさず、今ある紛争を止めるため、限界まで知恵を働かせて行うのが外交である。その意味で、外交ほど今の時代に欠かせないものはない。あるいは、外交ほど可能性を広げるものはない。

本書では、亀裂が深まり鳴動する国際社会の中で、なお米国にすがり続ける日本の在り方に疑問を投げかけ、外交の必要性と可能性を提示した。日本の国のかたちの背骨となっている日米関係を含め、安全保障政策に影響を与えるのは容易ではない。大きな波に抗し切れていない現実はある。

しかし、外交は変えられる。このことを新外交イニシアティブ（ND）は実際に示してきた。在沖米軍基地に関する米国の法案変更や、原子力政策に関する日本の政策変更はもとより、日米間の最大の議員連盟の創設・協働、海外のシンクタンクとのネットワークの構築・連携など、NDはこの10年、政府内外における外交に、確実に変化を起こしてきた。

いうまでもなく、これらの変化は国内外の多くの仲間たちとともに成し得たものだ。日米同盟のひずみや、そこから生ずる悪影響に対する声は、時に行動を伴う叫びとなって、力強く、そして数多く存在している。NDはそれらの声を結集させ、外交の世界に届けることで、文字通り「新しい外交」を切り拓いてきたのである。加えて、NDには常に、10代や20代の若いインターンやボランティアスタッフが集まっている。日本の市民社会における安保・平和の分野における一つの新しい取り組みの形を提示できたのではないか、とも思っている。

これまでの歩みと現在の到達点を本書にてご覧いただき、NDが示す「新しい外交」を、わずかでも希望の一助としていただければ幸いである。そして続く10年の私たちNDの取り組みに注目し、応援していただければ、それ以上にありがたいことはない。

この場を借りて、NDの関係者はもとより、共に歩んできた協力者の皆様、NDを会員やサポーターとして支えてくださった多くの皆様に、改めて厚くお礼を申し上げる。そして、厳しい出版事情の中で本書を企画してくださり、最後まで辛抱強くお付き合いいただいたかもがわ出版の三井隆典さんに、心から謝意を表したい。

（巖谷陽次郎）

企　画　新外交イニシアティブ（ND）
編著者　猿田 佐世（さるた・さよ）
新外交イニシアティブ (ND) 代表
巖谷 陽次郎（いわや・ようじろう）
新外交イニシアティブ (ND) 事務局長

装　丁　加門 啓子

深読み Now ⑭
戦争を回避する「新しい外交」を切り拓く
——10 年間の実践を踏まえて

2025 年 1 月 1 日　第 1 刷発行

企　画　© 新外交イニシアティブ (ND)
編著者　© 猿田佐世／巖谷陽次郎
発行者　田村太郎
発行所　株式会社かもがわ出版
〒 602-8119　京都市上京区堀川通出水西入
TEL075-432-2868　FAX075-432-2869
振替 01010-5-12436
ホームページ https://www.kamogawa.co.jp
印　刷　シナノ書籍印刷株式会社

ISBN 978-4-7803-1353-6　C0031